ÖSTERREICHISCHE AKADEMIE DER WISSENSCHAFTEN
PHILOSOPHISCH-HISTORISCHE KLASSE
SITZUNGSBERICHTE, 459. Band

ADOLF PRIMMER

Die Überredungsstrategie in Ciceros Rede pro C. Rabirio

[perduellionis reo]

VERLAG
DER ÖSTERREICHISCHEN AKADEMIE DER WISSENSCHAFTEN
WIEN 1985

Vorgelegt vom Autor in der Sitzung
am 13. März 1985

ISBN 3 7001 0736 6

Fotosatz und Druck: R. Spies & Co., 1050 Wien

INHALTSVERZEICHNIS

VORBEMERKUNG

Die Forschungslage zur Rabiriusaffäre des Jahres 63 v. Chr. ist dadurch gekennzeichnet, daß sich vom Jahr 1820, als Niebuhr den vatikanischen Palimpsest mit der Peroratio von Ciceros Rede erstmals edierte, bis heute eine Fülle kontroversieller Fragen entwickelt und unerledigt erhalten hat. Wer die einschlägige Sekundärliteratur (ausführlich referiert zuletzt bei Tyrrell 1978 und Helm 1979) nur oberflächlich überblickt, könnte mit annähernd gleichem Recht den Eindruck gewinnen, es sei schon alles Wißbare über die Affäre geäußert worden, wie daß so gut wie nichts über sie mit Sicherheit bekannt sei. Allenthalben stößt man neben quellenmäßig abgesicherten Erkenntnissen auf richtige, aber ungenügend bewiesene oder auch auf falsche Behauptungen. Falsch ist etwa die Ansicht, das durch Caesar und Labienus eingeleitete Perduellionsverfahren basiere auf einem Plebiszit (so z. B. nach Mommsen und Gelzer zuletzt Helm); oder es habe in dem Verfahren keine provocatio ad populum gegeben (so z. B. Kunkel und Tyrrell); oder Metellus Celer habe nach Ciceros erfolgloser Verteidigung den Angeklagten durch seinen „Fahnentrick" retten müssen (so nach vielen anderen − darunter Eduard Meyer − zuletzt Tyrrell und Loutsch 1982).

In dieser Lage besteht die dringlichste Aufgabe wohl darin, durch genaue Interpretation der beiden Hauptquellen (Ciceros Rede und Dios Bericht) Beweisbares und Hypothetisches säuberlich zu unterscheiden. Für Dio habe ich eine entsprechende Interpretation zu leisten versucht in meinem Beitrag zur Festschrift Betz 1985. Das analoge Ziel für die Rede Ciceros verfolgt der hier publizierte Vortrag (gehalten in der Sitzung der phil.-hist. Klasse am 13. 3. 1985). Zu den Fakten, die erst durch eine adäquate Interpretation der Rede abzusichern sind, gehören immerhin u. a. die folgenden: daß Cicero bei der Publikation der Rede im Jahr 60 (also zu einer Zeit, wo die Hinrichtung der Catilinarier bereits heftig umstritten war) nicht erst ex eventu seine Verteidigung des senatus consultum ultimum eingearbeitet oder entscheidend verstärkt hat (was natürlich den Quellenwert der Rede stark beeinträchtigen würde); daß Caesar im Jahr 63 offiziell nicht auf eine völlige Abschaffung des SCU aus war; daß die Rede zeitlich erst nach dem Fahnentrick des Metellus anzusetzen ist; daß Cicero in einem

Multprozeß spricht. Mein Vortrag mußte sich allerdings infolge der gebotenen Umfangsbeschränkung hauptsächlich auf die Beweisführung vom Redeganzen her und — zu deren Vorbereitung — auf die synthetische Darstellung der sonst aus den Quellen abzusichernden Resultate konzentrieren. Darum bitte ich den Leser der Publikation zu beachten, daß ein Gutteil der analytisch-kritischen Nebenargumentation nicht einmal in den Anmerkungen, sondern erst anhangsweise geboten werden kann. Vortragstext und Anmerkungen bzw. Anhänge gemeinsam sollen den hermeneutischen Zirkel vollständig ausschreiten.

TEXT DES VORTRAGS

Ciceros Rede pro C. Rabirio[1] verdient das Interesse der Altertums-
wissenschaften vornehmlich aus zwei Gründen: zum einen ist sie trotz
(oder: wegen) ihrer gedrängten Knappheit eine seiner stärksten oratorischen Leistungen[2]; und zum anderen ist sie von beträchtlichem historischen, besonders rechtshistorischen Quellenwert (als Stichworte seien
genannt: senatus consultum ultimum, Perduellionsverfahren, provocatio ad populum).

Beide Vorzüge der Rede, ihre literarische Qualität und ihren Quellenwert, kann man allerdings nur dann richtig abschätzen und ausnüt-
zen, wenn man die Überredungsstrategie, die Cicero verfolgt, kennt und
gehörig in Rechnung stellt. Der Literarkritiker kann die Rede als Rede
nur würdigen, indem er sie als zweckmäßig und gesamthaft gestalteten
Überredungsvorgang begreift[3]. Und wenn der Historiker von der
parteiischen Darstellung des Anwalts Cicero, der man nicht unbe-
sehen trauen darf, zu den objektiven Sachverhalten vorzudringen

---

[1] *Pro C. Rabirio,* ohne nähere Bezeichnung der Anklage, ist Ciceros Usus
entsprechend der originale Titel der Rede; den Zusatz *perduellionis* (ohne *reo!*)
bezeugt vor der einzigen Handschrift (dem sogenannten apographon Poggianum, Vat. Lat. 11458 – dazu Marek 1983, VIII sq) erstmals Rufinian, RLM
46, 21. Über Cic. Pis. 4 und die im Widerspruch zu Cass. Dio 37, 27–28, 4 notwendige Tilgung des eingebürgerten *perduellionis reo* siehe A n h a n g 1 (bes. bei
Anm. 52).

[2] Es gibt auch ganz andere Urteile; so vermißt Stockton 97 die „bril-
liance of Cicero's speech . . . – indeed it has some claim to be the poorest effort of
his which we have" (dies und Weiteres zitiert Loutsch 305[3]).

[3] Dieses Interpretationsprogramm entwickeln allgemein (nach exempla-
rischen Arbeiten zu einzelnen Reden wie R. Heinzes „Ciceros Rede Pro Caelio",
Hermes 60, 1925,193 ff.) vor allem Chr. Neumeister, Grundsätze der forensi-
schen Rhetorik, gezeigt an Gerichtsreden Ciceros, München 1964, und W.
Stroh 1975. – Von den jüngsten Arbeiten zur Rabiriana zeigt trotz solcher Anre-
gungen Tyrrells „legal and historical commentary" (zum Nachteil der Sache) so
gut wie kein Interesse für den rhetorisch-advokatorischen Grundcharakter der
Rede; auch Helms Analyse (S. 70–91) konzentriert sich zu sehr bloß auf das
Überarbeitungsproblem; Loutsch wiederum rechnet zu rasch mit „apparen-
tes irrégularités dans la composition du discours" (S. 305).

versucht, wird er die richtige Mitte zwischen Cicerogläubigkeit[4] und professionalistischer Hyperkritik oder Hypothesenfreudigkeit[5] ebenfalls nur dann finden, wenn er sich bemüht, alle umstrittenen Einzelheiten der Rede, alle Besonderheiten ihrer inventio, dispositio und

---

[4] Ein instruktives Beispiel: Die Serie der Belege dafür, daß Cicero nicht in einem Mult-, sondern in einem Kapitalprozeß verteidigt, scheint eindrucksvoll: 1 *in hac defensione capitis famae fortunarumque omnium C. Rabiri* (ähnlich 5 *in tanta dimicatione capitis f. f.que o.*, was allerdings aus 1 falsch eingefügt sein kann, v. app.), 2 *discrimen capitis,* 5 *vita C. Rabiri,* 26 *summum periculum capitis,* 26 *fraudem capitalem,* 31 *omnes . . . capitis C. Rabiri nomine citantur;* zum Kapitalprozeß passen auch die Anspielungen auf Infamie und Exil in der peroratio (36 f.;. zum „Grabmotiv" vergleicht Wirz 186 pro Sulla 89 und Mil. 104), und zwar unmittelbar, während die Verfechter des Multverfahrens zugeben müssen, daß das Exil sich aus diesem nicht notwendig ergibt, sondern nur als mittelbare Folge bei Nichtzahlen(können). Es ist also einerseits verständlich, wenn z. B. noch Bleicken 1959, 337[33] oder van Ooteghem 1964, 242 aufgrund dieser Stellen für den Kapitalprozeß votieren. Und doch beweisen alle diese Zitate nichts, wiewohl Cicero selbst einmal in einer Klimax zwischen gewöhnlichem Strafprozeß, Multverfahren und Exil (im Kapitalverfahren) unterscheidet (16 *misera est ignominia iudiciorum publicorum, misera multatio bonorum, miserum exilium —* worauf als das Schlimmste die Todesstrafe folgt); und nicht bloß deshalb, weil man dem Redner Cicero ähnliche Übertreibungen schon in pro Quinctio nachweisen kann (zu *caput:* Gelzer 79[77]; zu *vita* verweist schon Wirz 185 auf Quinct. 6,39,46), wogegen Wirz 186 noch einwendet, daß in pro Quinctio „trotz und neben aller rhetorischen Übertreibung aus der Prozeßrede . . . das tatsächliche Verhältnis der prozessualischen Momente sich unzweideutig erkennen läßt". Man muß sich aber die ganze Situation vergegenwärtigen, in der Cicero spricht: er behandelt die politischen Aspekte des Falles, Hortensius als sein Vorredner die strafrechtlichen. Da ergibt eine Beschwerde über die schikanöse Höhe der Mult, durch die das Verfahren in seinen faktischen Auswirkungen zu einem Kapitalprozeß wird, eine passende Peroratio für Hortensius, woran Ciceros Exordium gut anknüpfen kann (1): es geht um „die Verteidigung von Rabirius' bürgerlicher Existenz, seiner Ehre und seines gesamten Vermögens." Natürlich wird Cicero dann in 5, am Schluß des Exordium, bereits „das Leben" des Rabirius in Gefahr sehen; und natürlich wird er in 26 und 31, im Schlußteil seiner Argumentatio (wo er die Ehre aller Optimaten verteidigt), und erst recht in 36 f., in der commiseratio des Redeschlusses, nicht auf einmal wieder von Geld reden. Nichts hindert uns also, „das tatsächliche Verhältnis der prozessualischen Momente" in 8 zu suchen (zu *quod est in eadem multae irrogatione praescriptum* siehe Anhang 4).

[5] Beispiele für solchen Umgang mit den Quellen sind etwa die Annahme, Cicero habe die Rechtfertigung des SCU im Jahr 60 in seine Rede hineinredigiert (siehe dazu Anhang 2 und 5), oder die (Dio 37, 27, 3 ignorierende) These, Metellus Celer habe mit den Anklägern zusammengespielt (so zuletzt Havas 1976 — vgl. Anh. 2, S. 31).

elocutio sinnvoll und widerspruchsfrei in einen funktional zusammen-
hängenden Überredungsprozeß einzuordnen.

Eine entsprechende Analyse der Rede, besonders ihres zentralen
Teils, wird darum das Haupt- und Mittelstück der folgenden Darle-
gungen bilden. Daran sollen sich anhangsweise einige Bemerkungen zu
den historischen und rechtsgeschichtlichen Problemen der Rede
schließen. Beginnen müssen wir aber mit einem Überblick über die
Situation, in der Cicero das Wort ergreift, abgestellt auf die Angriffsmöglichkeiten der Anklage und die Hauptaufgaben der Verteidigung.
Gerade dieser Aspekt ist von der bisherigen Forschung nicht hinreichend berücksichtigt und herausgearbeitet worden[6]; unter allen
literarischen Gebrauchsformen ist aber die Gerichtsrede wohl besonders vom Gesichtspunkt der Textpragmatik her zu interpretieren.

*

Knapp vor der Mitte von Ciceros Konsulatsjahr (63 v. Chr.) setzen
der Volkstribun T. Labienus und als eigentlicher Drahtzieher im Hin-
tergrund der aufstrebende Politiker C. Iulius Caesar[7] eine Anklage
gegen den alten Senator C. Rabirius in Gang, die, da sie strafrechtlich

---

[6] Es ist anzuerkennen, daß Hardy 1924, 99—125, sich darum bemüht, sowohl die politischen Interessen und juristischen Möglichkeiten der Anklägersei-
te wie Ciceros rhetorische Argumentation herauszuarbeiten; aber seine Rekonstruktion des Ablaufs der Affäre ist falsch, und die straf- und verfassungsrechtlichen Probleme sind nicht scharf genug erfaßt bzw. ungenügend für die Rede aus-
gewertet.

[7] Caesar ist als Drahtzieher am deutlichsten benannt bei Suet. Iul. 12:
(Caesar) *subornavit etiam qui Gaio Rabirio perduellionis diem diceret . . ., ac sorte
iudex in reum ductus tam cupide condemnavit, ut ad populum provocanti nihil aeque
ac iudicis acerbitas profuerit.* (Über Caesars Rolle in der Affäre siehe unten Anm.
12 und Anhang 2.) — Vorwegnehmend gleich zwei Bemerkungen zu der Suetonstelle: a) Daß Sueton nicht juristisch exakt referiert, zeigt schon sein *diem diceret:* der Ausdruck ist an sich t. t. für das Komitialverfahren; aber Caesar kann
nicht in einem solchen durch das Los zum Richter bestimmt werden. Sueton
spricht also untechnisch, wie bisweilen schon Cicero (vgl. Kunkel 1962, 47[179],
mit Verweis auf Gelzer, RE 7A, 945, 59 f.). — b) Es ist ganz unnötig, den Schluß
der Suetonstelle wie Bauman 1969, 9 f. gegen Dio 37, 27, 3 ff. oder Cicero 10—
17 auszuspielen: da Suetons Augenmerk in anekdotischer Darstellung nur auf
Caesar gerichtet ist, kann ja hinter seinem *nihil aeque ac* ohne weiteres der Fahnentrick des Metellus stecken, ferner mit Caesars *acerbitas* eben das gemeint
sein, was Cicero dann als die *crudelitas regia* des Perduellionsverfahrens bekämpft (vgl. auch Helm 64).

und verfassungsrechtlich kaum zu widerlegen ist, einen leicht zu erringenden politischen Erfolg verheißt. Rabirius wird des Hochverrats angeklagt (crimen maicstatis[8] oder perduellionis), weil er vor gut 36 Jahren, im Dezember des Jahres 100, an der Tötung des damaligen Volkstribuns L. Appuleius Saturninus zumindest mitbeteiligt gewesen sei[9]. Rein strafrechtlich gesehen hat Labienus mit der Anklage beste Chancen: laut Mommsen behandelt ja das römische Strafrecht Anstiftung und Beihilfe zum Mord als Mittäterschaft nicht anders als die eigentliche Täterschaft[10]. Mit dem Angeklagten Rabirius würde nun aber zugleich in bestimmtem Sinn auch das sogenannte senatus consultum ultimum mitverurteilt[11], jener seit der Gracchenzeit zwischen Popularen und Optimaten heftig umstrittene Senatsbeschluß, der den Staatsnotstand erklärt und die Konsuln u. a. dazu ermächtigt[12], bei Gefahr im Verzug mit Waffengewalt gegen Revolutionäre einzuschreiten. Im Jahr 100 war nämlich dieses SCU mit im Spiel gewesen, und noch dazu unter für die Anklage des Labienus recht günstigen Umständen. Der Volkstribun Saturninus war damals mit dem popularen Konsul Marius zunächst politisch verbündet gewesen; als er dann in revolutionäres Fahrwasser geriet, hatte der Senat mittels des SCU Marius gezwungen, die Verteidigung von Recht und Ordnung zu übernehmen. Marius, der nicht allzu scharf durchgreifen wollte, hatte wohl die Bürger

---

[8] „Maiestas" wäre die damals übliche Klage (vorausgesetzt natürlich, daß man im Jahr 63 Saturninus für den 10.12.100 noch als Volkstribun gelten ließ): vgl. etwa Cic. inv. 2, 52 *qui ... tribuniciam potestatem ... infirmat, minuit maiestatem.* Caesar wählt die propagandistisch wirksamere und zugleich rechtlich unbestimmtere Form (Spekulationen über den Inhalt des Begriffs *perduellio* in den Fällen des Horatius nach Liv. 1, 26 und Rabirius bei Brecht, 1938, 163 ff., bes. 170—75).

[9] Über Datierung und nähere Umstände vgl. Phillips 94 ff.; Tyrrell 107 f.

[10] Mommsen, Strafrecht 627. Merkwürdigerweise hat man, soweit ich sehe, dieses Argument bisher nicht ins Kalkül gezogen, das sich der Ankläger sicher nicht entgehen ließ. Dafür spricht m. E. auch, daß Cicero seinerseits in 19 keinen Widerspruch des Labienus gegen sein analoges Argument erwartet, es gebe keinen Unterschied *inter eum qui hominem occidit et eum qui cum telo occidendi hominis causa fuit* (sonst hätte er kaum mit *quid est, Labiene?* begonnen; vgl. dieselbe Erwägung zu 21 in Anm. 62).

[11] Zu Loutsch, nach dem nicht das SCU, sondern die evocatio angegriffen ist, unten Anm. 119.

[12] Indem ich von „Ermächtigung" spreche, nehme ich implizit Stellung zu der Frage, ob sich Caesars Aktion gegen das SCU überhaupt oder nur gegen seinen Mißbrauch richtet. Darüber in Anhang 2.

zu den Waffen gerufen, jedoch erreicht, daß sich die Aufrührer — nach Zusicherung des Lebens — in der Curia gefangensetzen ließen; und erst dann hatte eine Schar konservativer Heißsporne, unter ihnen Rabirius, das Dach des Rathauses abgedeckt und die Revolutionäre erschlagen. Labienus kann darum im Jahr 63 seine Anklage so formulieren: Rabirius habe Saturninus zu einem Zeitpunkt getötet, als Marius die Lage schon wieder im Griff hatte; Rabirius könne sich also, da die aktuelle Notstandssituation nicht mehr gegeben war, aus verfassungsrechtlichen Gründen nicht mehr auf das SCU berufen.

Labienus und Caesar haben damit den Optimaten politisch eine Schlinge gelegt, in der sich diese fast zwangsläufig fangen müssen: Rabirius ist strafrechtlich schwer zu verteidigen, muß sich also jedenfalls auf das SCU berufen und sich dabei auf Labienus' Argument mit dem Zeitfaktor einlassen. Dann steht zwar, rein formal betrachtet, das SCU nicht grundsätzlich, sozusagen in seiner Existenz, zur Debatte, sondern bloß seine korrekte oder überzogene Anwendung. Aber pragmatisch gesehen, in seiner politischen Wirksamkeit, würde es schwer beeinträchtigt: denn sobald ein senatstreuer Bürger, der an sich bereit wäre, aufgrund des SCU an einer bewaffneten Aktion teilzunehmen, damit rechnen muß, daß sein Verhalten nachträglich, und womöglich noch nach 36 Jahren, einer (verfassungsrechtlichen) Überprüfung unterzogen wird, dann wird er sich seine Treue zum Senat vielleicht schon vorher überlegen.

Die Optimaten sehen also nicht zu Unrecht gleich von Beginn der Affäre an, d. h. sobald Labienus seine Absicht bekanntgibt, Rabirius anzuklagen, die Existenz und Wirksamkeit des SCU praktisch-politisch als gefährdet an. Als es gegen ihren Widerstand doch zu einem Verfahren gegen Rabirius kommt[13], das die Vorgeschichte zu dem zweiten Prozeß beherrscht, in welchem Cicero sprechen wird, ist es darum ihr erstes Ziel, die gerichtliche Erörterung der verfassungsrechtlichen Fragen um Geltungsbereich und Anwendung des SCU mit allen Mitteln zu verhindern. Gelegenheit dazu bietet ihnen die Tatsache, daß Labienus für seine erste Anklage die urtümliche und bereits obsolet gewordene Form des Perduellionsverfahrens wählt, in welchem der Angeklagte zunächst von Duoviri ohne Beweisverfahren verurteilt wird, dann ans

---

[13] Und zwar werden die Optimaten fürs erste durch einen Senatsbeschluß ausmanövriert, nicht (mit Mommsen, Gelzer und anderen) durch ein Plebiszit: siehe dazu sowie zu den einzelnen Etappen der Auseinandersetzung über das Duumviralverfahren den Anhang 3.

Volk appelliert (provocatio ad populum), worauf quasi als das eigentliche Gerichtsverfahren der Provokationsprozeß vor den Zenturiatkomitien folgt[14]. Die Optimaten bestreiten nun selbst noch in diesen Provokationskomitien[15] einfach die Rechtmäßigkeit des exzeptionellen Verfahrens, dringen allerdings mit ihrer bloß formalrechtlichen Argumentation nicht durch. Um das Ärgste zu verhindern[16], nämlich die Verurteilung des Rabirius zum Totpeitschen am Kreuz[17], läßt der optimatisch gesinnte Augur und Praetor Metellus Celer noch vor der Schlußabstimmung die Kriegsfahne einziehen, die während der Dauer der Zenturiatkomitien auf dem Ianiculum aufgepflanzt sein muß; so erzwingt er fürs erste den Abbruch der Versammlung noch vor der drohenden Verurteilung.

Dieser Zwischenfall war aus zwei Gründen zu erwähnen, zum einen, weil Cicero dann im zweiten Prozeß einige Mühe haben wird, die Tatsache zu überspielen, daß die Volksversammlung schon einmal drauf und dran war, Rabirius zu verurteilen. Zum andern bricht der Bericht des Dio Cassius, nach welchem ich bisher die Vorgeschichte wiedergegeben habe, nach dem erwähnten Fahnentrick des Metellus ab. Nach Dios Darstellung hat Labienus dann einfach das Interesse an der Sache verloren. Wer Dio auch in dieser Einzelheit glaubt[18], muß Ciceros Rede aus dem zweiten Prozeß schon in das Provokationsverfahren vorverlegen; aber eben Ciceros Rede zeigt, daß Labienus das Perduellionsverfahren aus anderen Gründen abbricht. Cicero agitiert näm-

---

[14] Das alte Perduellionsverfahren der Königszeit wäre vor allem aus Cic. 10–17 (bes. 13) und Liv. 1, 26 zu rekonstruieren (darüber zuletzt Tyrrell 10 ff.). Wir können die Urform ignorieren, weil Caesar und Labienus ihr eigenes (abweichendes) Verfahren antiquarischen Quellen des 2. Jh.s entnehmen (siehe Gelzer, Cicero 77[68]).

[15] Nicht zutreffend (weil im Widerspruch zu Dio 27, 3) vermutet Gelzer 77[68], daß Metellus schon die Einberufung der Comitien verhindert habe. (Zur Rolle des Metellus siehe Anhang 2.)

[16] Die straf- und verfassungsrechtliche Stichhaltigkeit der Anklage ist übrigens die einfachste Erklärung dafür, daß die Zenturiatkomitien zur Verurteilung neigen, wiewohl in ihnen die obersten Vermögensklassen die absolute Mehrheit haben. Zu der Spekulation, hinter der drohenden Verurteilung stecke der Einfluß des Pompeius, vgl. Anhang 2.

[17] Vgl. Liv. 1, 26, 6 *infelici arbori reste suspendito, verberato vel intra pomerium vel extra pomerium* (mit Ogilvies Kommentar) und Cic. 13 *arbori infelici suspendito*. Labienus ersetzt die *arbor infelix* durch die *crux* (siehe Cic. 11).

[18] Über diese Frage siehe Anhang 1.

lich jetzt im Senat[19] geschickt nicht mehr gegen die formale Bedenklichkeit, sondern gegen die urtümliche Grausamkeit des Perduellionsverfahrens und seiner Hinrichtungsart und erreicht vielleicht auch einen entsprechenden Senatsbeschluß. Jedenfalls endet der erste Hauptabschnitt der Affäre doch mit einem taktischen Sieg der Optimaten: es gibt noch immer keine gerichtliche Entscheidung darüber, ob das SCU wirklich nur bei Gefahr im Verzug gilt.

In dieser Lage ersinnen Caesar[20] und Labienus einen neuen Schachzug. Labienus läßt die umstrittene Perduellionsklage fallen und geht zu einer der gebräuchlichen Anklageformen über, zum sogenannten tribunizischen Multprozeß. Die Vorteile, die ihm dieses Verfahren bietet: er ist als anklagender Volkstribun zugleich Gerichtsherr; das concilium plebis, vor dem das Verfahren abläuft, kann, weil viel formfreier, nicht durch Geschäftsordnungstricks wie den des Metellus gestört werden; und er kann die Mult, die beantragte Geldstrafe, so astronomisch hoch ansetzen, daß Rabirius im Fall der Verurteilung doch ins Exil gehen muß[21]. Dieser Multprozeß stellt also den zweiten Hauptabschnitt der ganzen Rabiriusaffäre dar; und als Cicero am Abstimmungstag dieses Prozesses das Wort ergreift, muß er, wie es scheint, endlich auf die verfassungsrechtlichen Probleme um das SCU eingehen.

Stellen wir uns, um Ciceros Gegenzüge zu verstehen, nochmals die wesentlichen Beweisziele und Angriffsmöglichkeiten des Anklägers Labienus zusammen!

Da ist erstens der strafrechtliche Aspekt: Labienus wird behaupten, daß Rabirius, selbst wenn er Saturninus nicht selbst getötet hat, als Mittäter, der er unbestritten war, verurteilt werden muß. Dann gibt es zweitens jetzt das Präjudiz des Perduellionsverfahrens: Labienus wird die Quiriten auffordern, ihre seinerzeitige Absicht, Rabirius zu verurteilen, jetzt in die Tat umzusetzen; dabei wird er natürlich auch Cicero beschuldigen, sich durch seine Senatsaktion gegen das Perduellionsverfahren dem Willen des Volkes entgegengestellt zu haben. Für Labienus ist der Angriff auf Cicero eine wichtige taktische Möglichkeit, ja Notwendigkeit. Cicero hat ja im ersten Halbjahr 63 schon mehrmals (z. B. Rullus!) bewiesen, daß er als der wahre Vertreter der

---

[19] Vgl. Anhang 3, S. 41 ff.

[20] Caesar ist auch noch der *auctor* des zweiten Prozesses: Cic. 33 (dazu Anhang 2, S. 34).

[21] Zum Problem des Multprozesses: Anhang 4.

Volksinteressen gegen die Popularen Glauben finden kann. Drittens die politisch-verfassungsrechtlichen Fragen um das SCU: Labienus weiß mit Sicherheit, daß seine starke Position in den Punkten eins und zwei seine Gegner zwingen wird, mit dem Argument zu operieren: „Aber Rabirius hat doch nur aufgrund des SCU gehandelt, und seine Verurteilung würde das SCU praktisch-politisch unwirksam machen!" Labienus insistiert darum energisch auf seinem Einwand, die Tötung des Saturninus sei nicht mehr in der Notstandssituation erfolgt. Hier liegt für Cicero tatsächlich die Hauptschwierigkeit: Wie soll er von den verfassungsrechtlich relevanten Fragen um Geltungsbereich und Anwendung des SCU sprechen und gleichzeitig den Eindruck erwekken, diese Fragen stünden gar nicht zur Debatte?

Ein weiterer — vierter — Punkt ist schon von geringerer Bedeutung: Labienus hat nämlich außer der Hauptanklage (bezüglich Saturninus) noch einige Neben-Crimina vorgebracht, um Charakter und Lebensführung des Rabirius anzuschwärzen; die Verteidigung muß also auch den locus de vita et moribus behandeln. Wir können noch ein „Fünftens" hinzufügen: Labienus hat als Gerichtsherr die Redezeit so beschränkt, daß Cicero kaum mehr als eine halbe Stunde zur Verfügung steht.

Vor Cicero hat übrigens als Verteidiger schon der bekannte Redner Hortensius gesprochen, und zwar ausschließlich zur strafrechtlichen Seite des Falles, vor allem zur quaestio facti (d. h. er hat bestritten, daß Rabirius persönlich Saturninus getötet hat). Punkt 2 und 3 unserer Liste der Labienus-Argumente, also alle Punkte mit politischen Implikationen, bleiben dem Konsul Cicero vorbehalten, dazu wohl auch die strafrechtliche quaestio iuris, d. h. die Frage der Mittäterschaft, ferner der locus de vita et moribus, dessen Behandlung immer eine der Stärken des Redners Cicero war.

*

Cicero begründet die Geschlossenheit der Argumentation und des psychagogischen Ablaufs seiner Rede sogleich im Exordium[22]: Die

---

[22] Kurz eine Disposition der Rede, die sich insofern in bewußten Gegensatz zu der von Loutsch 309[23] gegebenen stellt, als dort die Dynamik übersehen ist, die Cicero erzielt, indem er einen nicht viel mehr als zwei Paragraphen umfassenden Passus zum ersten Hauptteil erklärt, auf den er einen Exkurs und dann den zweiten (in Wahrheit den eigentlichen) Hauptteil folgen läßt:

ganze Einleitung bereits ist von der These beherrscht, daß die Anklage des Labienus in Wahrheit einen Angriff auf Existenz und politische Wirksamkeit des SCU bedeutet (2): „Um dem Staat jenen wichtigsten Schutz seiner Hoheit (maiestas) und Herrschaft, den uns die Vorfahren hinterlassen haben, zu rauben, um künftighin weder dem Beschlußrecht (auctoritas) des Senats noch der Amtsgewalt der Konsuln noch dem einträchtigen Willen aller Patrioten irgendeine Wirkmöglichkeit gegen Verderben und Untergang unseres Gemeinwesens zu lassen, zu diesem Zweck, zur Vernichtung alles dessen verfolgt man eines einzelnen Menschen Alter, Schwäche und Einsamkeit."[23] Um dieser politisch ja zum Teil umstrittenen Aussage den Boden zu bereiten, bringt Cicero gleich von Beginn an auch seinen Konsul-Bonus ins Spiel (1): Zur Übernahme der Verteidigung habe ihn vor allem veranlaßt „das Staatswohl, die Amtspflicht des Konsuls, ja schließlich schon die Tatsache, daß ihr mir Staatswohl und Konsulat anvertraut habt."[24]

Cicero weiß natürlich, daß das concilium plebis auf die konkrete Begründung seiner These und auf die Widerlegung von Labienus' verfassungsrechtlichen Einwänden wartet, mit denen er sich erst im Herzstück der Rede (18—31) auseinandersetzen wird. Darum bemüht er sich, da er vorbereitend zuerst die Neben-Crimina und den Präzedenzfall des Perduellionsverfahrens aus dem Weg räumen will, den Eindruck zu vermitteln, es liege ihm selbst alles daran, doch sobald als möglich zur

---

1 — 5 Exordium: das SCU muß vom Konsul verteidigt werden;
6 Partitio: zwei Hauptteile (Cicero als Anwalt, als Konsul);
7 — 9[in.] 1. Hauptteil: die Neben-Crimina;
9[in.]—17 Exkurs: zum Perduellionsverfahren;
18 —31 2. Hauptteil: Saturninus' Tötung ist durch das SCU gedeckt:
          a) Cicero verteidigt Rab. für die Zeit der evocatio;
          b) für den Tötungszeitpunkt wird Marius verteidigt;
32 —38 Peroratio: zum SCU; commiseratio.

Angemerkt sei noch, daß in 9 die Ausgaben den Absatz zwischen erstem Hauptteil und Exkurs an falscher Stelle machen: er gehört vor und nicht nach *Ergo ad haec crimina, quae patroni diligentiam desiderant, intellegis mihi semihoram istam nimium longam fuisse;* denn *illam alteram partem de nece Saturnini nimis exiguam atque angustam esse voluisti* eqs. ist klärlich die zweite Hälfte einer zusammengehörigen Satzgruppe (vgl. auch unten bei Anm. 26).

[23] Die Übersetzungen, die ich gebe, verwenden z. T. Fuhrmann.

[24] Man vergleiche, wie sich der Konsul in 18 auf die schweigende Mehrheit beruft: *numquam, mihi crede, populus Romanus hic qui silet consulem me fecisset, si vestro clamore perturbatum iri arbitraretur.*

Hauptsache zu kommen. Diesem Zweck dienen die Hinweise zur Disposition der Rede, die er einstreut, in denen er sehr geschickt immer wieder mit dem Motiv der Zeitnot operiert, in die ihn Labienus ungerech-
terweise gebracht habe. So gleich in der partitio der Rede (6): „Da du,
Labienus, meinem Willen zu gewissenhafter Verteidigung durch Zeit-
beschränkung in den Weg getreten bist und mich aus dem vorbereiteten
und festgesetzten Zeitraum meiner Verteidigung in den Ablauf
einer halben Stunde eingezwängt hast, so muß ich mich fügen, in höchst
ungerechter Weise den Bedingungen des Anklägers und in höchst
beklagenswerter der Amtsgewalt eines persönlichen Gegners. Indessen
hast du mir bei deiner Vorschreibung der halbstündigen Redezeit die
Rolle des Anwalts gelassen und nur die des Konsuls genommen: denn
zur Verteidigung (sc. bezüglich der Neben-Crimina) wird das bißchen
Zeit annähernd[25] ausreichen, zur bitteren Klage (sc. über die politischen Aspekte des Falles) jedoch kaum." Nachdem er dann den ersten
Hauptpunkt seiner Disposition, die Neben-Crimina, rasch abgetan hat,
immer wieder mit Wendungen wie „du wirst ja nicht glauben, ich müßte
dir zu a ausführlich antworten", „oder muß ich zu b eine lange Rede her-
vorholen" — nachdem er also über derlei in bloß zwei Paragraphen hin-
weggehuscht ist, führt er in § 9 f. das Thema „Perduellionsprozeß" bloß
als Exkurs[26] ein, nicht ohne Vorverweis auf den Hauptgegenstand
seiner Rede: „Du siehst also, daß für die Anklagepunkte, die die Gewis-
senhaftigkeit des Anwalts verlangen, deine halbe Stunde mehr als genug war; den zweiten Hauptteil über die Tötung des Saturninus wolltest
du möglichst kurz und knapp halten, der nicht nach der Fähigkeit des
Redners, sondern nach dem Beistand des Konsuls dringend und instän-
dig ruft. Denn was den Perduellionsprozeß betrifft . . ." usw. Und wie
der Abschnitt 10—17 damit als Exkurs eingeführt ist, so beendet ihn
Cicero auch mit nochmals wiederholter Anspielung auf seine Zeitnot:
„Du hast dich zwar mit dieser Prozedur (sc. dem Perduellionsverfahren)
über alle Beispiele der Vorfahren, alle Gesetze, alle Senatsautorität,
alle staatlichen Regelungen der Religions- und Auspizienpraxis hin-

---

[25] Mit *prope modum* schlägt Cicero erstmals den Ton der ironisch-sarkasti-
schen Entrüstung an, dessen Berücksichtigung für die Interpretation von
8[fin.] wichtig wird: siehe Anhang 4.
   [26] Nach der andeutungsweisen Ankündigung von zwei Hauptteilen in 6 (*patroni mihi partis reliquisti, consulis ademisti;* vgl. 9 *oratoris ingenium* und *consulis auxilium*) weist 9 explizit auf den „zweiten Hauptteil" voraus (*illam alteram
partem de nece Saturnini*), worauf *nam* in *nam de perduellionis iudicio* eqs. (10) wie
sonst oft nur mehr die Funktion haben kann, einen Exkurs einzuleiten.

weggesetzt, doch sollst du darüber in meiner so knappen Redezeit weiter nichts hören; wir werden (später) noch genügend Zeit haben für diese Auseinandersetzung."

Der Meister des insinuierenden Tonfalls und der Dispositionskunst ist übrigens zu diesem auf den Hauptpunkt hindrängenden Redeaufbau wirklich erst durch Labienus gezwungen worden. Er hatte sicher, wie er ja selbst sagt, eine gewissenhafte, d. h. ausführliche Behandlung des locus de vita et moribus Rabirii vorbereitet; aber er ist als Improvisator gewandt genug, um sofort aus der Not eine Tugend zu machen und die vorbereitete Argumentation durch den Tonfall der Entrüstung hinreichend und effektvoll zu ersetzen. Ein Nebenhinweis zur historischen Auswertung der Rede: Wer aus Ciceros knapper Behandlung der Person des Rabirius den Schluß ziehen wollte, Cicero habe sich in der ganzen Affäre deswegen erst so spät engagiert, weil es ihm ursprünglich geraten schien, doch Distanz zu dem fragwürdigen Klienten zu halten[27], würde auf Sand bauen, weil wir eben die Änderung des ursprünglichen Redeplans mit ins Kalkül ziehen müssen.

Nun also zum eigentlichen Hauptteil, in welchem sich Cicero dem Dilemma entziehen muß, einerseits zur Erörterung des Zeitfaktors bei der Tötung des Saturninus verpflichtet zu sein, anderseits aber gerade das nicht tun zu dürfen, weil damit die Anwendung des SCU verfassungsrechtlich problematisiert würde. Cicero leistet das scheinbar Unmögliche mit Hilfe des Tricks einer doppelten Substitution. Er verteidigt zuerst Rabirius, aber für den früheren Zeitpunkt, als noch Gefahr im Verzug war und Marius (durch die sog. evocatio) die Bürger zu den Waffen rief, nicht für den späteren, als Saturninus tatsächlich umgebracht wurde; und dann ersetzt er bezüglich dieses späteren Zeitpunkts den Angeklagten Rabirius durch den angeblich angeklagten Volkshelden Marius.

Mit der ersten Hälfte dieses rhetorischen Zauberkunststücks verbindet Cicero auch gleich seine „Widerlegung" von Labienus' strafrechtlichem Hauptargument, das er in den politischen Bereich hinüberschiebt, wo es leichter zu bekämpfen ist. Cicero beginnt mit der provokant vorgetragenen These, daß die Tötung des Saturninus auf jeden Fall politisch gerechtfertigt war (18): „(Hortensius hat vorhin bewiesen, daß Rabirius den Saturninus in Wahrheit nicht getötet hat.) Ich aber würde,

---

[27] Anfängliche Zurückhaltung Ciceros vermutet Loutsch: siehe dazu Anhang 2, S. 33.

wenn mir das noch freistünde, diese Anklage auf mich nehmen, sie anerkennen und ein Geständnis ablegen. Gäbe mir der Prozeßverlauf doch
noch die Möglichkeit zu der rühmenden Behauptung, Saturninus, der
Feind des römischen Volkes, sei durch die Hand des Rabirius getötet
worden!" Nachdem der Redner einige Zwischenrufe durch den Hinweis
auf die schweigende Mehrheit zum Verstummen gebracht hat, legt er
den Grund für seine erste Substitution, die als solche an dieser Stelle
allerdings noch gar nicht erkennbar ist, indem er ein scheinbar großzü-
giges Angebot macht (19): „Da ich die Tat selbst nicht gestehen kann,
so werde ich etwas gestehen, was zwar den Ruhm verringert, aber nicht
den Schuldvorwurf: ich gestehe, daß Rabirius, um Saturninus zu töten,
zu den Waffen gegriffen hat." Das klingt noch wie eine Anerkennung
der Mittäterschaft (vom Zeitunterschied zwischen evocatio durch Konsul Marius und Abdeckung der Kurie ist ja noch nicht die Rede); Cicero
verstärkt diesen Eindruck noch mit dem Hinweis auf eine analoge
Bestimmung einer lex de vi: „Was ist, Labienus? Welches belastende-
re Geständnis erwartest du noch . . .? Du wirst doch keinen Unterschied
annehmen zwischen dem, der einen Menschen getötet hat, und dem, der
in Tötungsabsicht Waffen trug?"[28] Labienus muß, wenn er Rabirius als
Mittäter verurteilt sehen will, zustimmen[29] — und schon hat Cicero das
strafrechtliche Mittäterschaftsargument durch seine Verschiebung in
den politisch-verfassungsrechtlichen Kontext neutralisiert.

Jetzt kommt der eigentliche Trick: Cicero bringt, scheinbar nur
zum Beweis seiner Behauptung, daß Saturninus den Tod verdiente, eine
narratio der Ereignisse des Jahres 100: wie es zum SCU kam, wie die
Konsuln die Bürger zum Widerstand gegen die Revolutionäre riefen,
wie Marius selbst Waffen verteilte. Und bei diesem Zeitpunkt der Waf-
fenverteilung bleibt die narratio mit einem scheinbar harmlosen *ut omittam cetera*[30] hängen (20): „Jetzt frage ich — um das Weitere (was man

---

[28]   Wie geläufig diese Gleichsetzung von *eum qui hominem occidit et eum qui
cum telo occidendi hominis causa fuit* in Rom war, beweist schon Plautus, der
Aulul. 415 ff. mit ihr spielt (vgl. dazu Kunkel 68 f. mit Anm. 258).

[29]   Darum riskiert Cicero auch eine Apostrophe des Anklägers (19 *quid est,
Labiene?* eqs.); vgl. unten Anm. 62.

[30]   Kontext und Tonfall suggerieren, daß Cicero scheinbar großzügig sich
selbst, dem Ankläger und den Adressaten der Rede die Aufzählung weiterer
Belastungsmomente gegen Saturninus ersparen will. — Weder Heitland noch
Tyrrell machen (was m. E. doch Pflicht eines Kommentators wäre) auf die Dis-
krepanz zwischen Tonfall und eigentlicher Absicht des Redners, die er hinter
diesem Tonfall versteckt, aufmerksam.

gegen Saturninus sagen könnte) zu lassen — einmal dich selbst, Labienus: als Saturninus sich bewaffnet auf dem Kapitol verschanzt hatte (folgt eine Aufzählung seiner wichtigsten Parteigänger) . . ., während auf dem Forum Marius . . ., hinter ihm der ganze Senat, und was für ein Senat! (folgt eine Aufzählung der Senatstreuen, nach Kategorien geordnet) . . . zu den Waffen gegriffen hatten: was mußte da Rabirius tun?"

Die Fixierung von Rabirius' Mittäterschaft auf den unbedenklichen Zeitpunkt der evocatio, und zwar durch das bloße *ut omittam cetera*, ist natürlich der kritische Moment in der ganzen Argumentation des Abschnitts. Cicero kaschiert den Schwachpunkt mit Mitteln, die für den doctus orator (das ist ja sein Rednerideal) charakteristisch sind: Zum einen erlaubt ihm seine historische Bildung, sofort eine dahinrauschende Namenreihe aller Konsulare, Prätorier und so weiter folgen zu lassen, die damals alle mit Rabirius dem Appell des Marius folgten; und zum andern spaltet er die Frage: „Wozu war da Rabirius verpflichtet?" in ein Trilemma auf, zu dem er bis in wörtliche Anklänge hinein durch Demosthenes' Kranzrede angeregt ist[31], ein Trilemma, das natürlich nur *eine* „richtige" Antwort erlaubt und darum in variierender Amplifikation mehrmals wiederholt wird (ich zitiere nur den Abschnittsschluß, 24): „Es existierten nur drei Möglichkeiten: sich Saturninus anzuschließen oder den Patrioten oder sich zu verstecken. Sichverstecken kam einem Tod in äußerster Schande gleich, Saturninus zu folgen war verbrecherischer Wahnsinn; Mannestum, Ehrgefühl und Anstand zwangen Rabirius auf die Seite der Konsuln. Das also stellst du unter Anklage, daß er sich denen anschloß, die zu bekämpfen heller Wahnsinn und die im Stich zu lassen äußerste Schande gewesen wäre?" Wer von den zuhörenden Quiriten wird da noch mit kühlem Kopf kontrollieren, welches Spiel der Redner soeben mit ihm getrieben hat?

Ich übergehe ein Zwischenstück (24 f.)[32] und erwähne auch vom Anfangsteil des zweiten Abschnitts nur zwei Motive, die Cicero später wiederaufgreifen wird, um von seinem zweiten Substitutionstrick abzulenken, mit welchem er für die kritische Zeit Rabirius durch Marius ersetzt. Cicero stellt ab 25[fin] Labienus auf einmal in gönnerhaft-ironischem Ton als jung, unerfahren und ahnungslos hin; und er beginnt darauf hinzuweisen, daß mit Rabirius ja alle seinerzeit Senatstreuen ver-

---

[31] Helm hält die an Demosthenes erinnernden Stellen für nachträglich eingefügt: siehe Anhang 5, S. 59.

[32] Dazu Anhang 6.

urteilt würden (26): „Ja[33] siehst du denn nicht, welche Toten, was für großartige Männer du des größten Verbrechens bezichtigst? Wenn Rabirius den Tod verdient, weil er gegen Saturninus zu den Waffen griff, nun, dann wird ihn sein damals jugendliches Alter einigermaßen entschuldigen. Wie sollen wir aber die Toten verteidigen?" Folgt die Nennung von Ciceros eigenen von ihm bewunderten Förderern und Lehrern[34], eine weitere Aufzählung, schließlich die Konsuln des Jahres 100. Damit sind wir bei der Hauptsache, § 28; und ich bitte zu beachten, daß Cicero hier das gefährlichste Argument des Labienus, sein Insistieren auf der Sicherheitsgarantie des Marius, zwar zur Sprache bringt, aber völlig außerhalb des für die Anklage wichtigen Argumentationszusammenhangs mit dem Zeitfaktor (28): „Wenn Labienus schon meinte, für Rabirius müsse, weil er zu den Waffen griff, ein Kreuz auf dem Marsfeld errichtet werden, ja welche Hinrichtungsart wird man dann erst für den erfinden müssen, der zu den Waffen rief? (Jetzt kommt's:) Und wenn dem Saturninus eine Zusage gegeben wurde, wie du immer wieder sagst, dann hat sie nicht Rabirius, sondern Marius gegeben, und Marius hat sie auch verletzt, wenn er seine Zusage nicht einhielt." Die Schwäche dieser deductio ad absurdum[35] überspielt Cicero sofort, indem er den toten Marius gegen seinen eigenen Scheinvorwurf zu verteidigen beginnt: „Aber diese Zusage, Labienus, wie konnte sie ohne Senatsbeschluß gegeben werden?" Dieses Argument,

---

[33] Fuhrmann übersetzt *an non intellegis* mit „oder bemerkst du nicht". Aber *non intellegis* führt sicher den Vorwurf weiter *in his rebus omnibus imprudentia laberis.* Also ist *an* nicht „oder".

[34] Vgl. dazu Mitchell 1979, 42 ff. („The Influence of His Patrons on Cicero"), bes. 45.

[35] Die Funktion von *non eam* (fidem) *C. Rabirius sed C. Marius dedit idemque violavit, si in fide non stetit* ist mißverstanden von Hardy 108 und Tyrrell 131. Beide meinen, Cicero wolle damit ein Rabirius direkt entlastendes Argument vorbringen („Rabirius war durch Marius' Versprechen nicht gebunden"). Daraus könnte man natürlich peinlicherweise folgern, er sei also auch nicht (durch Marius' evocatio) zur Tötung des Saturninus legitimiert worden. Aber Cicero argumentiert indirekt, in der Form der deductio ad absurdum: indem er Labienus vorhält, sein Angriff auf Rabirius impliziere auch eine Verurteilung des Marius, will er zeigen, daß Labienus' Hauptargument falsch sein müsse, weil es zu so unsinnigen Konsequenzen führe. Und im Folgenden „widerlegt" er beides, das Argument und seine angeblichen Konsequenzen. *idemque violavit* muß der Redner also in so entrüstetem Tonfall vorgetragen haben, daß die Zuhörer seine Empörung über eine solche Unterstellung (des Labienus) erkennen konnten.

mit dem Cicero seinem eigenen fragwürdigen Entlastungsangriff auf
Marius dadurch die Spitze nimmt, daß er dessen Grundlage bekämpft,
nämlich Labienus' Argument mit der Sicherheitsgarantie, ist zwar wieder recht wacklig (bei Gefahr im Verzug kann der Konsul ja ohne Senat
entscheiden), aber die Quiriten hören eine Verteidigung des Marius
bestimmt sehr gern; und zudem setzt Cicero sofort nach, zunächst mit
dem vorher schon eingeführten Motiv von Labienus' Unerfahrenheit:
„Bist du derart fremd in dieser Stadt, derart uninformiert über unsere
Grundsätze und Rechtsbräuche, daß du das nicht weißt, daß es aus-
sieht, als wärst du auf Reisen in einem fremden Gemeinwesen und nicht
Amtsträger in deinem eigenen?"

Und weil wir in § 28 eben am zweiten kritischen Punkt der ganzen
Beweisführung angelangt sind, bringt Cicero, wie zuvor bei *ut omittam
cetera*, auch hier wieder die Fähigkeiten des *doctus orator* ins Spiel: er
wird philosophisch. Er fingiert vorbereitend eine klägliche Entschuldi-
gung des Labienus[36](29): „Was kann das alles, sagt Labienus, jetzt noch
dem Marius schaden, wo er nichts mehr spürt und nicht mehr lebt?"[37],
und seine empörte Reaktion darauf „Ja, wirklich?" mündet in Gedanken, die ihm wahrhaft am Herzen liegen und die wir ähnlich von ihm
zehn Jahre später im Somnium Scipionis wieder hören werden: Alle
Staatsmänner streben nach Fortleben im Nachruhm, ja sie sind über-
zeugt, daß wahre *virtus* ihre Seelen göttlich und unvergänglich machen
wird (30): „Und so rufe ich denn den Geist des Marius und der anderen
durch Weisheit und Tatkraft ausgezeichneten Mitbürger an, die nach
meiner Ansicht aus dem Leben der Menschen zur verehrungswürdigen
Heiligkeit der Götter hinübergegangen sind, und bekenne vor ihnen
meine Überzeugung, daß man ihren Ruf, ihren Ruhm und ihr Andenken
ebenso verteidigen muß wie die Tempel und Heiligtümer der Heimat;
und müßte ich um ihres Ansehens willen die Waffen ergreifen, ich würde
das mit derselben Entschlossenheit tun, mit der sie die Waffen für das
Heil aller ergriffen haben."

---

[36] Die Fiktion wird auf einem Zwischenruf beruhen: dazu siehe Anhang 5,
S. 58 f.

[37] Damit lenkt er auf das zweite Motiv zurück, das in 26 f. vorbereitend eingeführt war (Verpflichtung, die Ehre der Toten zu schützen). – Marek interpun-
giert übrigens so, daß sich der Gedanke „Ein Toter spürt nichts mehr" als Ciceros Vermutung über Labienus' Meinung präsentiert, nicht als dessen Äußerung:
„quid iam ista C. Mario ... nocere possunt?" quoniam sensu et vita caret? Aber da
fehlt ein *an* vor *quoniam* („etwa weil ..."), und außerdem markiert erst das folgende *itane vero?* den Beginn von Ciceros Antwort.

Ich muß hier abbrechen, ohne weiter zu belegen, wie Cicero in der
Peroratio abschließend und abrundend wieder den Gedanken von der
Staatsnotwendigkeit des SCU aufgreift, das die Quiriten mit dem
Konsul gemeinsam verteidigen müssen, indem sie Rabirius freispre-
chen. Aber wenn meine Analyse auch gleichsam nur das Knochengerüst
der Rede herauspräparieren konnte, so hoffe ich doch, daß dabei auch
ein bißchen spürbar wurde, warum der Meister des Tonfalls, des
psychagogisch raffinierten Arrangierens der Redeteile und des Redeganzen und der geistigen Beweglichkeit und Gedankenfülle des doctus
orator mit seiner Rede pro Rabirio so zufrieden war, daß er sie später,
im Orator des Jahres 46, als das Muster des hohen Stils nannte (Orator
102): „Das ganze Recht der Wahrung der maiestas steckte im Fall des
Rabirius: so entbrannte ich in jeder Art von Amplifikation." Natürlich
kann meine Analyse die Lektüre der Rede nicht ersetzen, an der sich
wirklich exemplarisch zeigen ließe, wie faszinierend und unheimlich
zugleich die Kunst der Rede sein kann; jedenfalls läßt sich Ciceros
Überredungsstrategie jetzt auf eine knappe Formel bringen: Begründung und Absicherung des psychagogischen Gesamtablaufs durch die
simple Grundthese: „Wir verteidigen das SCU als staatspolitische Notwendigkeit", und in diesem Rahmen Bekämpfung der Anklage in der
Weise, daß alle gegnerischen Argumente deformiert und in dieser ver-
änderten Form widerlegt werden[38].

*

Zum Abschluß wie angekündigt noch einige Bemerkungen zu Fragen, die nach der Analyse der Rede auf festerer Grundlage behandelt
werden können[39].

Erstens zum Stichwort „Perduellionsverfahren als Präzedenzfall
für den Multprozeß". Bis in jüngste Arbeiten taucht immer wieder die
Versuchung auf, Ciceros Rede doch schon in den Perduellionsprozeß
zurückzuversetzen, etwa mit der folgenden Begründung: Cicero rühmt
sich an exponierten Stellen seines Exkurses zur perduellio, nämlich
gerade zu Beginn (10) und am Ende (17), er selber habe der Grausamkeit
des Verfahrens ein Ende gemacht. Da gerät er, meint man nun, wenn er

---

[38] Auch zu dieser Technik bekennt sich Cicero im Orator (49): *ille* (orator) . . .
*aut molliet dura aut occultabit quae dilui non poterunt atque omnino opprimet si
licebit aut abducet animos aut aliud adferet, quod oppositum probabilius sit quam
illud quod obstabit.*

[39] Zu diesen Fragen gehört eigentlich auch das Problem der späteren redaktionellen Überarbeitung: Anhang 5.

tatsächlich erst später spricht, in direkten Widerspruch zu Dio Cassius, nach dessen Bericht nicht Cicero, sondern Metellus mit seinem Fahnentrick das Verfahren gestoppt hat; und Cicero konnte, spräche er später, das Verdienst des Metellus doch auf keinen Fall verschweigen. Genau das muß der Anwalt Cicero allerdings tun, wenn er die Quiriten nicht an den Präzedenzfall erinnern will. Er arbeitet darum in dem Exkurs mit derselben Substitutions- und Ablenkungstechnik, die wir an 18 f. beobachtet haben. Die Beweise:[40] a) gleich im ersten Satz lenkt er von Rabirius auf sich ab (10): „Was den (Vorwurf wegen des) Perduellionsprozess(es) betrifft, zu dem du immer wieder klagst, er sei von mir aufgehoben worden, nun, das ist eine Anschuldigung gegen mich, nicht gegen Rabirius"; und b) er spricht zwar von bestimmten Einzelheiten des Provokationsprozesses, aber immer nur in Wendungen, die es offen lassen, ob Rabirius durch sie faktisch oder bloß verbal bedroht war; d. h. er will das Volk nicht an dessen seinerzeitige Haltung erinnern und argumentiert statt gegen die Quiriten nun gegen Labienus (11): „Wer von uns beiden ist wirklich der popularis?" Die Folgerung aus diesen Beobachtungen: wir haben den zweistufigen Ablauf der Affäre einleitend richtig rekonstruiert.

Zweitens zum Stichwort „Provokation im Perduellionsverfahren". Die Provokation spielt eine wichtige Rolle in der Debatte über die Entwicklung des römischen Strafverfahrens zu den Geschworenengerichten der späten Republik. Theodor Mommsen hatte als deren frührepublikanischen Vorläufer ein zweistufiges Gerichtsverfahren postuliert: Prozeß vor einem Magistrat und dann nach der provocatio ad populum Prozeß vor den Komitien. Dagegen wies in den sechziger Jahren Wolfgang Kunkel nach, daß Mommsen seinen einzigen positiven Quellenbeleg, einen Passus aus Cicero de legibus III, falsch interpretiert hatte, weil Cicero dort die Provokation nicht gegen ein reguläres magistratisches Gerichtsurteil gestattet oder einführt, sondern gegen polizeiliche Koerzitionsmaßnahmen der Magistrate ohne Richterspruch[41]. Nun

---

[40] Die nicht ganz einfach zu führenden Beweise sind hier nur knapp angedeutet: ausführliche Erörterung in Anhang 7.

[41] Gegen Kunkels Erklärung von Cic. leg. 3 (1962, 30 ff.) wendet sich wieder Jones 1972, 2 ff. (3: in all criminal cases ... the procedure was the same: the magistrate pronounced judgment, the condemned appealed, and the people decided by their vote), mit Zustimmung von Behrends 1973, 463 („... daß Cicero die durch Provokation angerufene Volksversammlung als einziges Organ der ordentlichen Strafrechtspflege nennt und also die Quästionengerichtshöfe offenbar abschaffen will"). Jones beruft sich darauf, daß in Ciceros Verfassungsent-

steht Caesars duumvirales Urteil gegen Rabirius, in dem es ja auch kein vorausgegangenes Beweisverfahren gab, zwischen der reinen Koerzition und dem regulären Gerichtsurteil, und hier ist entgegen Kunkels Meinung[42] die nachfolgende Provokation mit dem anschließenden Komitialprozeß belegt. Ob uns dieses Faktum dazu zwingt, nun eine Zwischenlösung zwischen Mommsens sicher falscher Theorie und Kunkels vielleicht in anderer Weise einseitiger Vorstellung über die Geschichte des vorsullanischen Strafverfahrens zu suchen, diese Frage kann ich nur an die Rechtshistoriker weitergeben; den Rabiriusprozeß dürfen sie jedenfalls nicht ignorieren.

Drittens zum Stichwort „Senatus consultum ultimum" eine Frage an die Historiker. Rabirius ist freigesprochen worden, Cicero hat also vor der Jahresmitte 63 sein politisches Augenblicksziel erreicht, das SCU einer es schwächenden Debatte seiner verfassungsrechtlichen Problematik zu entziehen; aber hat die Rabiriusaffäre nicht doch sein zögerndes Verhalten im Dezember 63 mitbestimmt, als er, wiewohl selbst mit den Vollmachten des SCU ausgestattet, doch das Schicksal der in Rom verhafteten Catilinarier im Senat zur Debatte stellte[43]?

Eine allerletzte Frage möchte ich vollends offen lassen, die Frage nämlich, ob die Akteure der Rabiriusaffäre mit ihrem Vermischen von Vergangenheits- und Gegenwartsproblemen und ihrem Taktieren mit Verfassung, Justiz und Staatsinteresse nicht auch den heutigen Betrachter zu bestimmten Assoziationen oder Analogieschlüssen anregen könnten.

---

wurf die Quästionen nicht genannt seien, leg. 3, 6 (*magistratus nec oboedientem ... coerceto eqs.*) sich also nicht nur auf Koerzitionsfälle beziehen könne. Aber Ciceros Entwurf ist unvollständig, weil er nur die Magistrate behandelt, während ein Abschnitt über die Gerichtsordnung fehlt. Das bezeugt Cicero selbst in 3, 47 f., wo er die Diskussion über seinen Entwurf mit dem Satz abschließt: *satis iam disputatum est de magistratibus, nisi forte quid desideratis*, und auf die Zwischenfrage des Atticus, ob ihm nicht selbst noch ein Thema abgehe, antwortet: *mihine? de iudiciis arbitror Pomponi*. Bald danach bricht der erhaltene Text ab.

[42] Kunkel stützt sich auf Bleicken 1959, 338, und zwar merkwürdigerweise, obwohl Bleicken von der durch Kunkel selbst widerlegten falschen Beziehung von *iniussu vestro* auf die Provokation ausgegangen war, als er behauptete, „daß gerade die Provocation zu dem Duumviralverfahren, das Labienus kannte, nicht gehörte" (Bleicken 339[35] beruft sich wieder auf Brecht 1938, 183 f.). Zu *iniussu vestro* siehe Anhang 3, S. 37 ff.

[43] Dabei würden natürlich wieder Probleme auftauchen, die wir in ähnlicher Weise zur Rabiriana zu erörtern hatten: über den genauen Ablauf der Senatsdebatte und über eine eventuelle Überarbeitung der vierten Catilinaria.

Anhang 1: Der Widerspruch zwischen Dio Cassius und Cicero.

Das knifflige und vielen Detailerörterungen zugrundeliegende Problem, ob man im Zweifelsfall dem erst kaiserzeitlichen, aber seriösen Historiker Dio oder der Primärquelle Cicero, die allerdings Äußerung einer Prozeßpartei ist, mehr Glauben schenken soll, kristallisiert sich gleichsam in der Frage nach dem Zeitverhältnis zwischen Ciceros Rede und dem Fahnentrick des Metellus (über diesen siehe S. 12). Und es muß gegen alle das Problem durch Harmonisierungsversuche verhüllenden Forscher klar ausgesprochen werden, daß man hier, wie immer man votiert, um eine Entscheidung gegen Dio nicht herumkommt. Entweder verteidigt Cicero vor dem Fahnentrick — dann verkürzt Dios Bericht den Ablauf der Ereignisse in irreführender Weise; oder Cicero spricht in einem zweiten, nachfolgenden Verfahren[44] — dann verschweigt Dio (oder seine Quelle) in tendenziöser Absicht das Ende der Affäre.

Wir betrachten einmal die erstgenannte Möglichkeit (die also Metellusprozeß und Ciceroprozeß gleichsetzt). Sie hat — laut Helm 1979, 65[18] — „den Nachteil, daß sie dem eindeutigen Bericht des Dio Cassius (37, 27) widerspricht, wonach Metellus die Provokationsverhandlung des Duoviralverfahrens gewaltsam unterbrach". Der Widerspruch existiert in dieser Form allerdings nur dann, wenn man mit Helm gegen die Auffassung polemisieren will, „Cicero habe die Rabiriana in einem von Labienus angestrengten tribunizischen Perduellionsprozeß gehalten, der dem von Cicero und dem Senat zum Scheitern gebrachten Duoviralverfahren nachfolgte und der später durch den Gewaltakt des Metellus Celer beendet wurde"[45]. Gegen diese Ansicht, die also den Fahnentrick einfach ans Ende des zweiten Verfahrens transferiert, behält Helm gewiß recht.

---

[44] Der Einfachheit halber bezeichne ich im folgenden das Verfahren, in welches Metellus abschließend eingreift, als den „Metellusprozeß" und das Verfahren, in welchem Cicero spricht, als „Ciceroprozeß".

[45] So z. B. in aller Deutlichkeit Jones 1972, 42: „Dio ... conflates two trials. His account is probably correct up to the crucial point of the first trial, when he says that the duoviri ... condemned Rabirius and Rabirius appealed ... He then jumps to the end of the second trial, and says that the voting was going against Rabirius when Metellus Celer rushed to the Ianiculum."

Nun war aber Eduard Meyer bei dem m. E. beachtlichsten Versuch, die Quellen zu harmonisieren (1922, 543 ff.), viel behutsamer vorgegangen. Nach Meyer folgen auf Rabirius' Verurteilung durch die Duumviri parallel nebeneinander zum einen die provocatio des Angeklagten, zum andern eine Senatsaktion Ciceros, die die grausame Perduellionsstrafe aufhebt, so daß bereits der Provokationsprozeß, der den Abschluß des einen Perduellionsverfahrens bildet, und nicht erst ein später folgendes zweites Verfahren nur mehr mit einer Mult droht[46]. Ein solcher Vorgang wäre zwar außergewöhnlich, würde aber wohl doch nicht direkt gegen Grundprinzipien des römischen Prozeßrechts verstoßen[47], und außergewöhnlich ist, wie Meyer zu Recht betont, schließlich das ganze Perduellionsverfahren des Jahres 63. Trotzdem kann auch Meyers Hypothese — zunächst einmal ganz abgesehen vom Fehlen positiver Beweise für sie — einen bedenklichen Widerspruch zwischen Dio und Cicero nicht aus der Welt schaffen.

Dio hätte nämlich nicht bloß, wie Meyer offenbar annimmt, einen (durch sein Schweigen über Ciceros Senatsaktion und Rede im Provokationsprozeß) verkürzten, sondern einen in einem wesentlichen Punkt fehlerhaften Bericht geliefert. Nach Dio arbeiten ja die Optimaten hauptsächlich mit dem Argument, der ganzen Anklage fehle die rechtliche Grundlage, und sie tun das nicht nur vor Rabirius' Provokation[48] (27, 2 die Duumvirn κατεψηφίσαντο αὐτοῦ καίτοι μὴ πρὸς τοῦ δήμου κατὰ τὰ πάτρια, ἀλλὰ πρὸς αὐτοῦ τοῦ στρατηγοῦ οὐκ ἐξὸν αἱρεθέντες), sondern auch noch im Provokationsverfahren selbst (27, 3): „Nur Metellus hat die Verurteilung des Rabirius verhindert; ἐπειδὴ γὰρ οὔτε ἄλλως ἐπείθοντό οἱ οὐθ᾿ ὅτι παρὰ τὰ νενομισμένα ἡ κρίσις ἐγεγόνει ἐνεθυμοῦντο[49], da griff er zum Fahnentrick." Die Wendung οὔτε ἄλλως . . .

---

[46] Wenn also Helm (65[18], S. 66) gegen Meyer einwenden will, die Verbindung von Kapital- und Multstrafe führe zu „prozessualistischen Unmöglichkeiten", so hat Meyer (S. 555) auch diesen Einwand schon vorweggenommen und vermieden.

[47] Jones 1972, 8 führt jedenfalls Beispiele dafür an, daß in einem *iudicium populi* der Strafantrag noch während des laufenden Verfahrens geändert werden konnte.

[48] Daß Inhalt und zeitliche Festlegung der Debatte περὶ τῆς κρίσεως so anzunehmen sind (d. h. daß es in ihr nicht erst nach dem Urteil der Duumviri um die Milderung der Strafe geht, wie Meyer 554 und ähnlich Tyrrell 44 meinen), habe ich in meiner Interpretation des Dioberichts gezeigt (Primmer 1985, 485 f.); siehe im übrigen auch Anhang 3, S. 36.

[49] Dieses Argument des Metellus bezeugt übrigens auch gegen die Theorie von Hardy (Duumviralverfahren von Cicero schon nach Caesars Urteil aufgeho-

οὔτε ... ist klärlich das (negative) Gegenstück zum positiven ἄλλως τε καί..., d. h., sie streicht den Inhalt des zweiten Kolons als den entscheidenden Gedanken heraus; Dio betont also, daß der als einziger „Verteidiger" genannte Metellus vor allem darauf hoffte, mit dem Hinweis auf die Rechtsungültigkeit des Verfahrens Rabirius' Verurteilung zu verhindern.

Spräche nun Cicero in diesem Metellusprozeß, so dürfte er das Hauptargument der Optimaten gewiß nicht ignorieren; es müßte in seiner Rede wenn schon nicht die Hauptrolle spielen, so doch etwa in folgender Form präsent sein: „Ich halte zwar das ganze Verfahren für rechtswidrig, will aber für alle Fälle auch noch die Unschuld meines Klienten nachweisen." Davon findet sich aber in der ganzen Rede keine Spur[50]; vielmehr läßt Cicero keinen Zweifel daran, daß der Fall am Tag seiner Rede endgültig entschieden werden soll. (Er bittet z.B. in 5 die Götter, *ut hodiernum diem et ad huius salutem conservandam et ad rem publicam constituendam illuxisse patiantur* — und diesen Text sollte Cicero später als Bestandteil einer seiner Musterreden publiziert haben, wenn sein Appell wirkungslos blieb und erst Metellus die Lage rettete?)

Es bleibt also auch gegen Meyers vorsichtige Hypothese dabei: Dio und Cicero lassen sich nicht widerspruchsfrei harmonisieren, indem man die Rede vor den Fahnentrick setzt — ein Resultat, das schon deswegen wichtig wäre, weil die umgekehrte Auffassung (erst Fahnentrick, dann Ciceros Rede), welche ebenfalls zu Dio in Widerspruch gerät, nicht schon aufgrund dieses Widerspruchs aus der weiteren Diskussion ausscheidet[51]. In Wahrheit leistet unsere Feststellung über Ciceros Hindrängen auf eine Entscheidung allerdings mehr, als sozusagen bloß

---

ben; Dios angebliches Provokationsverfahren gehöre bereits in einen zweiten Prozeß, der ursprünglich Multprozeß war, dann von Labienus in ein Kapitalverfahren umgewandelt wurde), daß der Metellusprozeß noch in den Duumviralkomplex gehört. Kennzeichnend, daß Hardy, der die Quellen sonst ausführlich bespricht, S. 124 das Argument der Rechtsungültigkeit des Verfahrens stillschweigend übergeht.

[50] Ciceros einzige Anspielung auf die rechtliche Bedenklichkeit des Perduellionsverfahrens (12 Ende) steht sogar ausgerechnet in jenem Abschnitt der Rede (10—17), der sich mit der nunmehr abgeschlossenen Vorgeschichte des Ciceroprozesses beschäftigt!

[51] Genau dies war Meyers erstes Argument (S. 551): „Schon das ist sehr bedenklich, daß sie (die andere Auffassung) die Darstellung Dios ... verwerfen ... und vor allem annehmen muß, seine Behauptung, nach der Vereitelung des Provocationsprozesses auf dem Marsfeld habe Labienus die Sache fallen lassen..., sei falsch."

Waffengleichheit zwischen den beiden theoretisch möglichen Zeitansätzen herzustellen: sie fällt schwer zugunsten des zweiten Ansatzes ins Gewicht[52]. Denn Dios Schweigen über den die Affäre abschließenden selbständigen Multprozeß ist aus der Anti-Cicero-Tendenz seines Berichts leicht erklärbar[53] (vgl. Primmer 1985, 489 f.), Ciceros Schweigen über das noch immer aktuelle Rechtsungültigkeitsargument bliebe rätselhaft.

Weil die Sache doch wichtig ist, kurz zu Meyers anderen Argumenten. In noch größere Schwierigkeiten als mit Dio kommen die Verfechter des nachfolgenden Multprozesses laut Meyer S. 551 mit Cicero selbst. Denn sie müßten anerkennen, Cicero „habe . . . in der Sache zweimal gesprochen, zuerst im Perduellionsverfahren, sodann im Multprozeß, und nur diese zweite Rede habe er herausgegeben; in der Rede gegen Piso aber erwähne er nicht diese zum Ziel führende und dem Publikum bekannte Rede, sondern sein Auftreten in dem Perduellionsprozeß, obwohl dieser . . . keine Erledigung der Frage gebracht hatte". Hier richtet sich entweder Meyers Postulierung der ersten Rede auch gegen ihn selbst (dann nämlich, wenn er an eine Rede im Senat denkt, wo Cicero ja auch nach Meyer die Aufhebung der Kreuzigungsstrafe erreichte); oder er betrachtet Pis. 4 falsch als Beleg für eine Verteidigungsrede im Perduellionsprozeß, die anzunehmen sonst kein zwingender Grund besteht (Dio Cassius nennt ja nur Metellus). Wenn nämlich Cicero an der genannten Stelle, um seine Leistungen als Konsul zum Konsulat Pisos in vorteilhaften Gegensatz zu bringen, sagt *ego in C. Rabirio perduellionis reo XL annis ante me consulem interpositam senatus auctoritatem sustinui contra invidiam atque defendi*, so heißt das eben nichts anderes als „ich habe anläßlich der Perduellionsanklage gegen Rabirius einen Senatsbeschluß, der vierzig Jahre vor meinem Konsulat ergangen war[54], energisch gegen die Angriffe (der Popularen) verteidigt", und man wird seine Äußerung ungezwungen auf seine gesamte

---

[52] Darum ist auch die von Huschke 526, Mommsen (Staatsrecht II^3 298^3, vgl. Strafr. 588, 1) und anderen vertretene Tilgung von „perduellionis reo" im Redetitel notwendig, vgl. unten Anm. 55 und Tyrrell 1978 zum Titel.

[53] Im umgekehrten Fall ist — eben wegen dieser Tendenz — kein Grund zu sehen, warum Dio(s Quelle) Ciceros erfolglose Rede mit Schweigen übergehen sollte.

[54] Gegen Wirz 1879, 182 und Hardy 1924, 116 ist ausdrücklich zu betonen, daß Cicero nicht schlechthin von seiner „Verteidigung der Senatsautorität" spricht, sondern von dem 40 Jahre alten Senatsbeschluß (vgl. S. 42).

politische Haltung in der ganzen Affäre beziehen müssen, den Multprozeß eingeschlossen, nicht aber bloß auf eine (erfolglose) Rede im Provokationsprozeß einschränken können[55].

Meyers letztes Argument ist ein chronologisches. Er stellt S. 553 f.
ganz richtig fest, daß das iudicium perduellionis, über das Cicero 10 und
17 als ein vergangenes spricht, nicht erst durch Ciceros Rede „aufgehoben" sein kann und daß auch Metellus' Fahnentrick ohne eine von
Cicero veranlaßte Senatsaktion[56] bloß eine Vertagung bewirkt hätte.
Dann setzt er allerdings diese Senatsaktion mit Dios Debatte περὶ τῆς
κρίσεως gleich, und da diese mit Sicherheit zeitlich dem Metellusprozeß vorausgeht, schließt er auf die Identität von Metellusprozeß und Ciceroprozeß. Wie wir aber in Anhang 3 sehen werden, gehört Dios
Debatte περὶ τῆς κρίσεως nicht, wie Meyer meint, hinter, sondern vor
das Urteil der Duumvirn; sie kann also nicht mit Ciceros Senatsaktion
gleichgesetzt werden, die ja jedenfalls zumindest die Straffolgen des
Duumviralurteils aufhebt. Meyers chronologisches Argument ist also
alles andere als schlüssig, und nichts hindert uns, den ganzen Metellusprozeß (mitsamt dem von Cicero erwirkten Senatsbeschluß gegen das
Duumviralverfahren) vor den Ciceroprozeß zu setzen.

* * *

Anhang 2: Caesar in der Rabiriusaffäre

Im Zusammenhang mit Caesar diskutiert die neuere Forschung insgesamt drei Fragen: ob Caesar wirklich der eigentliche Hintermann
des Labienus ist (die Alternative wäre, daß Interessen des Pompeius
im Spiel sind); ob er das SCU im Grund bekämpft oder nur dessen überzogene Anwendung; ob er Labienus auch noch zur Zeit von Ciceros Rede unterstützt.

Lassen sich also unsere Quellen in irgendeiner Hinsicht besser
erklären, wenn wir annehmen, daß Pompeius den hauptsächlichen Nut-
zen von einer Schwächung des SCU haben sollte? Im Rahmen dieser
Pompeiushypothese müßte vor allem Metellus Celer ein Pompeianer

---

[55] Es gibt also jedenfalls kein Argument gegen die Streichung von *perduellionis reo* im Titel der Rede, zumal es in Cic. Att. 2, 1, 3, Quint. inst. 7, 1, 16, Non.
51, 27 und Rufin. RL 46, 6 immer nur heißt *pro Rabirio*. Vgl. oben Anm. 1).
[56] Zu dieser siehe unten im Anhang 3.

gewesen sein (wie wir gleich sehen werden), und es sei vorweg festgehalten, daß das prosopographische Puzzlespiel, mit dem man das
zusätzlich nachweisen will, sich keineswegs zwingend zu einem entsprechenden Bild zusammenfügt[57]. Gewiß war Celers Bruder Nepos der
anerkannte Vertrauensmann des Pompeius, aber im Dezember 63 nehmen die beiden den Catilinariern und Cicero gegenüber durchaus nicht
die gleiche Haltung ein; Celer hatte sich schon am 1. Jänner 63 als
Optimat bewährt (siehe Gelzer 71); und der Vorfall, anläßlich dessen in
Cic. fam. 5,1 und 2 von der *reconciliata gratia* zwischen Cicero und Celer
die Rede ist, bezeugt auch keine Mißstimmung zwischen ihnen für die
Zeit des Rabiriusprozesses: Da wir nichts Näheres über den betreffen-
den Vorfall wissen (s. Shackleton-Bailey zu fam. 5,1,1), kann er sich
auch im Dezember 63 abgespielt haben, als Celer zwischendurch aus
der Gallia citerior, wo er das Heer gegen die Catilinarier befehligte,
nach Rom kam (s. Gelzer 103).

Die ganze Pompeius-Metellus-Hypothese beruht also eigentlich
nur auf ihrem scheinbaren Vorzug, den Schluß des Dio-Berichts plausi-
bel zu erklären. Nimmt man nämlich (übrigens unerlaubterweise, s.
Anhang 1) an, Cicero spreche im Metellusprozeß, dann läßt sich — mit
der weiteren Annahme, daß Metellus als Pompeianer insgeheim mit
Labienus (und womöglich gleich auch mit Rabirius) zusammenspielt
— folgender Ablauf des Provokationsprozesses denken: Die Pompeianer
legen es darauf an, die Zenturiatkomitien zur Verurteilung des SCU zu
veranlassen und Rabirius (entweder zu opfern oder) erst im letzten
Augenblick mit dem Fahnentrick zu retten; Cicero spricht aber so gut,
daß ein Freispruch „droht"; Metellus muß eingreifen, um den „Freispruch" des SCU zu verhindern.

Damit wäre immerhin geklärt, warum Labienus seine Anklage
nachher nicht mehr weiter verfolgt, also der Schluß des Dio-Berichts als
wirklicher Abschluß der ganzen Affäre gerettet. Aber die Vertreter
dieser Hypothese starren auf den Fahnentrick wie das Kaninchen auf
die Schlange: sie übersehen, daß sie den Berichtsschluß retten, während
sie gleichzeitig zu Fakten, die im Bericht erwähnt sind, in Widerspruch
geraten. Denn erstens ist schon der einzig denkbare Versuch, Metellus
aufgrund von Dios Bericht als Pompeianer zu erweisen, zum Scheitern verurteilt. Der Versuch bestünde darin, den Prätor, der
nach 27,2 C. und L. Caesar zu Duumviri ernannte, mit Metellus gleich-

---

[57] Vgl. van Ooteghem 245, Tyrrell 45 mit Anm. 5, Helm 64[16].

zusetzen[58]. Das ist aber schon deswegen unwahrscheinlich[59], weil die Duumviri am ehesten vom praetor urbanus ernannt wurden (siehe Anhang 3, Anm. 76), Metellus Celer aber sicher nicht Stadtprätor war (sonst hätte er nicht schon vor Jahresende das Kommando in Gallia citerior übernehmen können). Vor allem aber führt Dio Metellus in 27,3 als neuen Akteur in die Affäre ein; wäre er der στρατηγός von 27,2, dann hätte Dio seinen Namen schon dort genannt oder in 27,3 anders formuliert (etwa: „Und der Prätor − nämlich Metellus Celer − war auch Augur" usw.). Zweitens sagt Dio unmißverständlich, daß Metellus (nicht den Freispruch, sondern) die Verurteilung des Rabirius verhindern wollte[60]. Von Dio abzuweichen, um ihn zu rechtfertigen − eine sehr wirksame Verteidigung einer Quelle ist das nicht.

Die Berechtigung für einen so unbekümmert inkonsequenten Umgang mit den Quellen könnte man höchstens noch aus der verschärften Fassung deduzieren, in welcher Havas (1976) die Pompeiushypothese vertritt. Nach Havas ist nämlich außer Cicero auch Caesar nicht in das Doppelspiel der Pompeianer Labienus, Metellus und Rabirius eingeweiht; und soviel Ahnungslosigkeit könnte sich vielleicht doch in einer verwirrten Darstellung aller unserer Quellen niederschlagen. Aber der einzige Beweis, den Havas für diese klägliche Rolle Caesars anbieten kann, daß nämlich mit Rabirius zugleich auch das Verhalten von Caesars Onkel Marius unter Anklage stehe, aus dessen popularem Prestige Caesar doch politisches Kapital schlagen wollte − dieser Beweis mißversteht die Argumentation von Anklage und Verteidigung im Ciceroprozeß vollständig: Labienus betont doch (nach Cicero 28) immer wieder den Unterschied zwischen der korrekten und milden Anwendung des SCU durch Marius und der skandalösen Überschreitung seiner Grenzen durch Rabirius, und Ciceros „Verteidigung" des Marius gegen die angebliche Verunglimpfung seines Nachruhms ist nur ein Anwaltstrick. Fazit: auch Havas kann uns keinen Freibrief zur atomi-

---

[58] So z. B. bedingungsweise Gelzer, RE „Tullius" 870, 60 und 871, 8 (aber Gelzer, Cicero 77 nimmt das zurück) und Havas 23: Si cette supposition est vraie, nous avons affaire à un ... politicien pompéien.

[59] Abgesehen von der wahrscheinlichen Identifizierung des L. Valerius Flaccus als Stadtprätor (vgl. Tyrrell 42 mit Anm. 2, Gelzer, Cicero 77 mit Anm. 65).

[60] Darauf macht auch Tyrrell 45 aufmerksam; er schießt nur übers Ziel, wenn er „sie" (nämlich diejenigen, die Metellus die Gefolgschaft verweigern) mit Labienus und dem anderen Prätor gleichsetzt; „sie" sind natürlich die abstimmenden Quiriten (beachte u. a. 27, 3 πρὶν καὶ ὁτιοῦν σφᾶς ψηφίσασθαι).

sierenden Behandlung der Quellen ausstellen, und wir werden Gelzer zustimmen (Cicero, S. 76): „Die Inszenierung war echtester Caesar."[61]

Zur zweiten Frage nach Caesars Kritik am SCU. Cicero mag (wie Havas annimmt) bezüglich der politischen Hintergrundziele seiner Prozeßgegner noch so sehr im Dunkeln tappen, über eines weiß er als Verteidiger sicher genau Bescheid: darüber nämlich, was zwischen den gegnerischen Prozeßparteien außer Streit steht. Seine ganze Überredungsstrategie muß doch darauf angelegt sein, die Argumente des Labienus dadurch zu entschärfen, daß er sie in tatsächlichen oder scheinbaren Gegensatz zu allgemein akzeptierten Fakten oder Anschauungen setzt. Nun zeigt meine Analyse der Rede, daß Cicero im ersten Hauptabschnitt des eigentlichen Hauptteils der Rede in 20 — 24 nicht deswegen sooft und ausführlich wiederholt, Rabirius sei aufgrund des SCU verpflichtet gewesen, in der aktuellen Notstandssituation zu den Waffen zu greifen, weil dieser Grundsatz umstritten gewesen wäre, sondern deswegen, weil dieser außer Streit stehende Grundsatz[62] ihm die Gelegenheit gibt, von der eigentlich gefährlichen Anklage abzulenken, Rabirius habe Saturninus erst getötet, als die aktuelle Notstandssituation nicht mehr gegeben war[63].

Zudem liefert bereits das Exordium der Rede einen ähnlichen Beweis. Cicero hat sich gewiß gehütet, mit politisch allzu sehr umstrittenen Äußerungen zu beginnen und so die benevolentia zumindest eines Teils der Zuhörer von vornherein aufs Spiel zu setzen. Wenn er also gleich in 2 erklärt, er fühle sich als Konsul verpflichtet, das SCU zu verteidigen, und in 5 Götter und Quiriten um Beistand und Hilfe bei die-

---

[61] Havas' Erwägungen, daß man eher dem von Varro beratenen Pompeius als Caesar das antiquarische Interesse zutrauen müsse, ein obsolet gewordenes Duumviralverfahren auszugraben, sind müßig. Charakteristisch für Caesars Wahl ist ja sein bedenkenloser Griff nach einer Prozedur, die sich über den geltenden *mos* hinwegsetzt, um ein bestimmtes politisches Ziel zu erreichen; und in dieser Hinsicht paßt das Duumviralverfahren bestens zum Wahlmodus der lex agraria des Rullus.

[62] Vgl. etwa 21: *de te ipso, . . . Labiene, quaero: cum ad arma consules ex senatus consulto vocavissent, . . . quid tandem C. Rabirium facere convenit?* Cicero weiß schon, warum er diese Apostrophe des Anklägers riskieren kann (vgl. oben Anm. 29).

[63] Auf Labienus' nur gegen den Mißbrauch des SCU gerichtetes Argument in Cic. 28 berufe ich mich hier deswegen nicht, weil Cicero es aus seinem Zusammenhang gerissen haben könnte (z. B. „Das SCU ist eigentlich gänzlich abzulehnen, aber Rabirius ist auch im anderen Fall schuldig zu sprechen").

ser seiner Absicht bittet, so können wir uns darauf verlassen, daß er sich mit solchen Äußerungen im Bereich des halbwegs Unverfänglichen hält.

Nebenbei sei bemerkt, daß die Übereinstimmung von Hauptteil und Exordium in der grundsätzlichen Außerstreitstellung des SCU geeignet ist, Loutschs Erklärung des Redeanfangs zu widerlegen. Loutsch (S. 311 f.) findet im Exordium vor allem eine erstaunlich schroffe Berufung Ciceros auf seine auctoritas als Konsul, mit der er nur kaschieren wolle, daß er bedenklich spät in der ganzen Affäre aktiv geworden sei, weil ihm Rabirius eigentlich suspekt gewesen sei. Doch abgesehen davon, daß sich sein spätes Eingreifen aus den Quellen ganz anders erklären läßt (siehe Anhang 3): wieviel Kredit verdient gegenüber den obigen Erwägungen zu Ciceros Überredungsstrategie Loutschs Annahme, er habe sich der méconnaissance de la prudence oratoire la plus élémentaire schuldig gemacht?

Die Forscher, die mit einem prinzipiellen Angriff Caesars auf das SCU rechnen[64], könnten sich höchstens auf einen Passus aus der Peroratio berufen, der aber alles andere als eindeutig ist. Cicero stimmt dort einer Äußerung Caesars zu (daß er Caesar meint, ist gleich anschließend zu beweisen), des Inhalts, Rom sei derzeit von keiner äußeren Gefahr mehr bedroht, und fährt selbst etwa so fort: „Und gegen den inneren Feind schützt uns das SCU.“[65] Welche Folgerung Caesar aus dem Wegfall der äußeren Bedrohung gezogen hat, können wir nur vermuten. Am nächsten liegt wohl: „Rom ist nur mehr von inneren Parteiungen bedroht; und diese nicht zu provozieren oder unaufhebbar zu machen, sind die Optimaten verpflichtet, unter anderem dadurch, daß sie den Mißbrauch des SCU verhindern oder ahnden.“ Helms Vermutung jedenfalls, die Fortsetzung habe gelautet, „jetzt ... bestehe auch keine Notwendigkeit mehr, das gegen Landesfeinde gerichtete Notstandsrecht beizubehalten“, hat Caesar, bell. civ. 1,7 gegen sich, *quotienscumque sit decretum darent operam magistratus ne quid res publica detrimenti caperet, ... quo senatus consulto populus Romanus ad arma sit vocatus, factum ... in vi tribunicia, in secessione populi, templis locisque editioribus occupatis.*

---

[64] Außer den bei Helm 67[19] Genannten (Gelzer, Fuhrmann, Pepermans) z. B. auch E. Rawson, Cicero, London 1975, 87 f. und Helm selbst (S. 89 f.).

[65] Daß es nicht nur um die evocatio geht, wie Loutsch meint, zeigt 35: *Quid facerem, si T. Labienus caedem civium fecisset ut L. Saturninus ...? facerem idem quod C. Marius fecit, ad senatum referrem* eqs.

Angesichts dieses Quellenbefundes (Exordium und Hauptteil der Rede für Anerkennung des SCU bei Gefahr im Verzug, Peroratio nicht dagegen) wird man den Forschern zustimmen müssen, die auch für Caesar und Labienus nur die Bekämpfung des SCU-Mißbrauchs annehmen; als anregend empfohlen seien die Ausführungen von Hardy 1924,102 ff.[66], Wirszubski 69 ff., Stockton 92 ff.[67]. Eines dürfen wir allerdings bei unserem Resümee nicht vergessen: daß sich die ganze vorstehende Argumentation nur auf das beziehen kann, was ich im Vortragstext als die verfassungsrechtliche Seite der Affäre bezeichnet habe. Auf einem anderen Blatt steht, daß die Optimaten (und mit ihnen Ciceros Exordium sowie Dio 37,26,2 f.) in den politischen Auswirkungen des Prozesses, falls Rabirius verurteilt würde, doch eine praktische Annullierung des SCU sehen und daß auf der anderen Seite auch Caesar mit seinem harten Vorgehen gegen Rabirius eben diesen Effekt anstrebt.

In diesem Zusammenhang — wir kommen zu unserer letzten Frage — wäre es auch verwunderlich, wenn Caesar die so schwungvoll begonnene Aktion doch schon mitten in ihrem Verlauf nur Labienus überlassen hätte. Und tatsächlich belegt uns eine Quellenstelle die Tatsache, daß Caesar sich auch noch im Ciceroprozeß nicht von der Anklage zurückgezogen hat[68]. Cicero kann nämlich, wenn in seiner Rede (33) ein Anonymus als *is qui auctor huius iudicii est* erwähnt wird, damit niemand anderen als Caesar meinen. Erstens, weil er den Ankläger Labienus die ganze Rede hindurch einfach mit seinem Namen anspricht und keinen Grund hätte, in 33 davon abzugehen (man beachte auch, daß Labienus in 6 einfach als *accusator* bezeichnet ist, während er hier nicht analog als *auctor*, sondern umständlich und behutsam als *is qui auctor est* eingeführt würde). Und zweitens unterscheidet Cicero z. B. in leg. agr. 2,98 auf dieselbe Weise zwischen Rullus und seinen Hintermännern: *haec tu cum istis tuis auctoribus excogitasti*, und auch dort ist Caesar mitgemeint und darf anonym bleiben. Heitlands und Tyrrells Unsicherheit (jeweils ad l.) in der Identifizierung des auctor Caesar ist also schwer verständlich.

* * *

---

[66] Hardy erklärt allerdings zu Unrecht Dio für von Cicero abhängig.

[67] Besonders S. 95: The "Ultimate Decree" could not authorize the consuls to do anything illegal, but it reinforced their strictly illegal action and strengthened their resolution. Das läuft praktisch doch auf eine Art Ermächtigung hinaus.

[68] Dies hatte z. B. Ciaceri 232 vermutet, und zwar schon für die Zeit zwischen Duumviralurteil und Metellusprozeß.

Anhang 3:
Die Senatsdebatten und -beschlüsse über das Duumviralverfahren

Bezüglich des duumviralen Perduellionsverfahrens sind zwei umstrittene Probleme von besonderer Wichtigkeit: die Festlegung von Inhalt und zeitlicher Abgrenzung der Teiletappen der Auseinandersetzung, vor allem aber die Frage, ob die hauptsächlich durch Caesar herbeigeführte Entscheidung in der ersten Etappe im Senat oder durch ein Plebiszit fällt. Es ist ja z. B. für das Bild, das wir uns von Ciceros Haltung machen, nicht unwesentlich, ob er sich als Konsul zunächst an einen Senatsbeschluß gebunden fühlen muß (bekanntlich will er ja sein Amt als Erfüllungsgehilfe des Senats ausüben) oder ob er gemeinsam mit dem Senat gegen ein Plebiszit agieren kann. Daher empfiehlt es sich, die nicht unkomplizierte Quellenlage ausführlicher zu erörtern, als mir das in „Cassius Dio" S. 488 möglich war, zumal auch die Forschungslage einigermaßen verworren ist. Denn gerade jene Gruppe, deren Rekonstruktion der Affäre mir im allgemeinen am meisten quellenkonform scheint (zu kennzeichnen etwa durch die Namen Mommsen – Gelzer – Helm), plädiert m. E. unrichtig für das Plebiszit.

Vorweg sei, ohne auf die am heftigsten umstrittenen Interpretationsfragen einzugehen, festgehalten, welche Informationen unsere Hauptquellen (bloß aufgrund sprachlich-stilistisch korrekter Erklärung) bieten. Dio Cassius ist vor allem für die Teiletappen des Duumviralverfahrens wichtig. Er unterscheidet in 37,27,1 gleichsam einleitend zwei Streitdurchgänge am Beginn der Auseinandersetzung: Es gab heftigen, tumultartigen Streit (σπουδαὶ ... ταραχώδεις καὶ φιλονεικίαι ... συνέβησαν[69]), wohl in Contionen und im Senat:

Erstens über die Frage, ob überhaupt Anklage gegen Rabirius erhoben werden solle (περὶ τοῦ δικαστηρίου, τῶν μὲν ὅπως μὴ συναχῇ τῶν δὲ ἵνα καθιζήσῃ δικαιούντων). Das Streitthema ist also (da nach Dio „die einen die Nichteinsetzung des Gerichtshofes forderten, die anderen seine Einsetzung") höchstwahrscheinlich die mehr politische als rechtliche Frage, ob die immerhin nach einem SCU erfolgte Tötung des Saturninus nach so langer Zeit überhaupt noch verfolgt werden solle; offen bleibt, ob auch schon die Form des Duumviralprozesses Streitgegenstand ist. Abgeschlossen wird die erste Etappe dadurch, daß Caesar

---

[69] Daß συνέβησαν das für beide Etappen geltende Prädikat ist, betone ich wegen van Ooteghem 238, der einen Übersetzungsfehler Huschkes (514) wiederholt.

mit Hilfe einiger anderer „siegt" (Dio sagt nicht, ob durch Plebiszit oder Senatsbeschluß).

Zweitens περί γε τῆς κρίσεως (die Partikel γε hebt diese zweite Etappe als die bedeutendere hervor, scilicet weil ihre Thematik auch noch die dritte, das Provokationsverfahren, beherrscht). Gegenstand und Verlauf dieser Auseinandersetzung erwähnt Dio (27,2) in Einschubs- und Nachtragsform innerhalb des Satzes, dessen Hauptaussage sich auf den Abschluß der Debatte bezieht: „ Und (die Duumviri) verurteilten ihn"[70] − Debattenende also einfach durch ein fait accompli − „(denn Caesar selbst war mit Lucius Caesar auch Richter)" − wie die erste Auseinandersetzung wird also auch die zweite hauptsächlich durch Caesar beendet − „(Rabirius war nämlich nicht im gewöhnlichen, sondern im sogenannten Perduellionsverfahren angeklagt worden)" − dazu gleich anschließend − „sie verurteilten ihn, wiewohl sie nicht nach mos maiorum vom Volk gewählt, sondern direkt durch den Prätor ernannt worden waren, was nicht erlaubt war" − Debatteninhalt also die formale Rechtswidrigkeit der Einsetzung des Gerichtshofes. Um nochmals zusammenzufassen: Dio läßt keinen Zweifel über das Streitthema − in der Debatte περὶ τῆς κρίσεως geht es um einen grundlegenden Formfehler bei der Ernennung der Duumviri − und ebensowenig über den Abschluß der Auseinandersetzung: Caesar ignoriert die Einwände der Optimaten, er verurteilt Rabirius, und dieser beruft (27,3), womit die nächste Etappe der Auseinandersetzung, das Provokationsverfahren, beginnt[71]. Nur über ein Detail aus dem Beginn der κρίσις-Debatte ist Dio nichts zu entnehmen: sein Zwischensatz „Rabirius war im Perduellionsverfahren angeklagt worden" kann auf die Zeit vor oder nach Beginn der zweiten Etappe zurückdeuten.

Dios dritte Etappe, der Metellusprozeß, beginnt dann, wie eben erwähnt, mit der provocatio ad populum durch Rabirius. Dazu sei hier nur kurz zweierlei bemerkt: erstens, daß auch zwei andere Quellen die Provokation belegen, Suet. Caes. 12 (s. Anm. 7)[72] und die lex perduellio-

---

[70] Wichtig ist es zu beachten, daß dieser Hauptsatz keine kausale Sinnfärbung hat. Nur in diesem Fall könnte ein „Denn sie hatten ihn verurteilt" hineingelesen werden, so daß die Debatte περὶ τῆς κρίσεως erst auf das Urteil folgen würde, das in Wahrheit ihren Abschluß bildet. Zu Unrecht verschiebt also eine ganze Reihe von Forschern (z. B. Hardy 113, Tyrrell 44) die Debatte περὶ τῆς κρίσεως hinter das Duumviralurteil.

[71] Metellus Celer nimmt dann das Hauptargument der zweiten Etappe in der dritten wieder auf (Dio 27, 3 ὅτι παρὰ τὰ νενομισμένα ἡ κρίσις ἐγεγόνει).

[72] Gut auch Bauman 15 zum Quellenwert von Sueton und Dio.

nis bei Liv. 1, 26, 6 (*duumviri perduellionem iudicent; si a duumviris provocarit, provocatione certato*), und zweitens, daß sich die Provokation aus Ciceros Rede nicht widerlegen läßt[73].

Für die Plebiszit-Frage brauchen wir als zweite Hauptquelle noch den Schlußsatz von Cic. 12: *C. Gracchus legem tulit, ne de capite civium Romanorum iniussu vestro iudicaretur, hic popularis a duumviris iniussu vestro non iudicari de cive Romano, sed indicta causa civem Romanum capitis condemnari coegit.* Hier muß *iniussu vestro* mit Dios μὴ πρὸς τοῦ δήμου αἱρεθέντες zusammenhängen, und zwar in einem Sinn, der die antithetisch steigernde Satzform berücksichtigt, in der Cicero schon vorher gesprochen hatte: „Die lex Porcia verbietet die Rutenstrafe, Labienus bedroht Rabirius (nicht mit Ruten, sondern) mit Geißelung wie bei Sklaven; die lex Porcia verbietet den Lictor, Labienus droht (nicht mit dem Lictor, sondern) mit dem Henker." Zweimal also ein die Bürgerrechte schützendes Gesetz, das von Labienus nicht durch einfaches Zuwiderhandeln, sondern durch noch schlimmere Verstöße gebrochen wird. Nun in dem ausgeschriebenen Satz dasselbe Schema zum dritten Mal: a) das Gesetz: „C. Gracchus schuf ein Gesetz, daß über römische Bürger in einem Kapitalprozeß nicht *iniussu vestro* geurteilt werden darf"; b) die bloß fiktive Normalübertretung des Gesetzes: „Labienus ließ nicht einfach Duumvirn *iniussu vestro* über einen römischen Bürger urteilen"; c) die tatsächlich erfolgte, noch schlimmere Übertretung des Gesetzes: „Labienus erzwang, daß Duumvirn *iniusso vestro* ohne vorausgegangene gerichtliche Untersuchung (*indicta causa*) einen römischen Bürger kapital verurteilten." Ich analysiere u. a. deshalb so genau, weil Tyrrell 87 f. zwar im Fall von *virgae/flagella* und *lictor/carnifex* die Satzstruktur erkannte, aber bei der letzten Antithese doch wieder alles verwirrt hat. Er übersieht erstens, daß *iniussu vestro* auch noch bei c) gilt, weil es dem die Differenz zwischen b) und c) signalisierenden *non-sed* als beiden Übertretungen gemeinsamer Umstand vorausgeht. Seine Annahme (85 und 88 f.), der Normalverstoß (b) sei in *iniussu vestro iudicari* enthalten, der schlimmere (c) in *indicta causa condemnari*, ist also falsch. Und er vergißt in diesem Zusammenhang zweitens, daß b) jedenfalls nur ein fiktiver Vorwurf ist. Mir ist unverständlich, wie er S. 88 zuerst richtig sagen kann „Labienus violated the

---

[73] Gegen das immer wieder vorgebrachte argumentum ex silentio („Cicero müßte, wenn er erst nach dem Metellusprozeß spricht, dessen Fahnentrick jedenfalls erwähnen") siehe Primmer 1985, 487 mit Anm. 13 sowie oben S. 23; zu *condemnare* die nächste Anmerkung.

lex Sempronia, *not in the ordinary way* but violate it he did" und ein paar
Zeilen später falsch: „Labienus violated the lex Sempronia *in the ordinary
way* by bringing about iniussu vestro duumviri to pronounce a judgment
over a citizen on a capital charge"(Hervorhebungen von mir). Ciceros Text
negiert ja mit *non iudicari* das einfache „pronounce a judgment", dem
ein *causam dicere* vorausgehen würde; die Gegenbegriffe sind *iudicari*
und *indicta causa condemnari*[74], zu welch letzterem wieder Livius 1,26,7
die bestätigende Parallele liefert. Die Duumvirn des Horatiusprozesses
sehen nämlich aufgrund der lex horrendi carminis keine andere
Möglichkeit, als den Angeklagten (ohne weitere Untersuchung des Falles) schuldig zu sprechen: *se absolvere non rebantur ea lege ne innoxium
quidem posse.*

    Wenn wir hier gleich die Bemerkung anschließen, daß sich daraus
eine ganz ungezwungene Erklärung für Ciceros *coegit* ergibt, sind wir
schon mitten in der kritischen Prüfung der Argumente, die angeblich für
ein einleitendes Plebiszit sprechen. Bei Mommsen (Staatsr. II 616 mit
Anm. 4) wie bei Bauman 1969, 16 heißt es, Labienus habe die Ernennung der Duumviri nur durch ein Plebiszit erzwingen können — nur daß
bei Cicero (und mutatis mutandis bei Livius) nicht von einem Druck,
der auf den ernennenden Prätor ausgeübt würde, die Rede ist, sondern
davon, daß Labienus (durch die Wahl des altertümlichen Verfahrens,
die der Prätor durch die Ernennung der Duumviri sanktionierte) die
Duumvirn gezwungen hat, *indicta causa* zu kondemnieren[75]. Mommsen
l.c. und Hardy 110 meinen außerdem, an die Stelle des Königs, der den
Horatiusprozeß in Gang gesetzt hatte, müsse in der Republik das Volk
getreten sein — aber niemand kann wissen, ob man im 1. Jh. die vom
Stadtprätor[76] ernannten Duumvirn nicht einfach als eine Art Richter angesehen hat, die bloß die Funktion haben, dem Provokationsverfahren als dem eigentlichen Prozeß die formale Grundlage zu
schaffen. Aber wir haben es gar nicht nötig, uns auf solche rechtshisto-

----

  [74] Tyrrell 87 will übrigens die nachfolgende Provokation auch bestreiten, weil
condemnare ausnahmslos t. t. für das endgültige Urteil sei. Da ist Ciceros rhetorische Antithese *iudicari — condemnari* nicht als solche gewürdigt; und zu allem
Überfluß folgt auch bei Liv. 1, 26, 7 f. auf das *cum condemnassent* der Duumvirn
das *provoco* des Horatius.
  [75] Schief oder zumindest unklar also auch Tyrrell 89, der *coegit* auf Labienus'
Rolle in der Debatte vor der Ernennung der Duumvirn bezieht.
  [76] An die Stelle des *rex* tritt ja am besten „der Prätor schlechthin", also der
praetor urbanus (darum auch der bestimmte Artikel bei Dio: πρὸς αὐτοῦ τοῦ
στρατηγοῦ αἱρεθέντες).

rischen Spekulationen einzulassen. Um die Annahme des Plebiszits zu widerlegen, genügt ja schon die Feststellung, daß Ciceros *iniussu vestro* den entsprechenden Gegenbeweis liefert.

Was *iniussu vestro* im Zusammenhang mit der lex Sempronia des C. Gracchus bedeutet, ist nach Strachan-Davidson I 240 ff. vor allem durch Kunkel 28[89] so abgesichert worden, daß es keinen Zweifel mehr gibt[77]: Das Gesetz verbietet alle Sondergerichte, „soweit sie nicht durch Volksgesetz konstituiert waren" (Kunkel). Nun sahen wir zuvor, daß in Cic. 12 auch von der duumviralen Verurteilung des Rabirius gelten muß, daß sie nicht nur *indicta causa*, ohne Beweisverfahren und Verteidigungsmöglichkeit, sondern auch *iniussu vestro* erfolgt war. Also hat auch dem Sondergericht der causa Rabiriana das Plebiszit als gesetzliche Grundlage gefehlt.

Gegen diesen Schluß wären noch zwei Einwände denkbar. Erstens macht es Flach 1973, 95 ff. wahrscheinlich, daß das Gesetz des C. Gracchus doch auch Bestimmungen enthielt, die gegen die Mißachtung des (nur als Einschränkung der magistratischen Koerzitionsgewalt, nicht hingegen als Anspruch auf die Überprüfung eines Gerichtsurteils durch eine höhere zweite Instanz korrekt verstandenen) Provokationsrechtes gerichtet waren. Aber auf eine solche Bestimmung kann sich Ciceros *iniussu vestro* schon deshalb nicht beziehen, weil Rabirius nach unseren Quellen ja provozieren konnte und es tatsächlich auch getan hat. Außerdem sträubt sich Ciceros eigener Wortlaut dagegen. Da der Redner nicht einfach gegen *condemnare*, sondern gegen *indicta causa condemnare* polemisiert, richtet er die Aufmerksamkeit ja auf das Urteil und auf das, was dem Urteil vorausging (die fehlende Beweisaufnahme oder Verteidigungsmöglichkeit), aber nicht auf die Provokation, die dem Urteil erst nachfolgt[78]. Zweitens ist noch Mommsens Auffassung zu berücksichtigen, weniger wegen der Qualität seiner Argumente als deshalb, weil das Plebiszit noch bei Gelzer und Helm anscheinend aufgrund von Mommsens Autorität akzeptiert worden ist.

Mommsen meinte (Staatsrecht II 616), in *iniussu vestro* könne auch nur der Tadel liegen, die Duumvirn seien aufgrund eines Spezial-

---

[77] Siehe etwa Tyrrell 82 f. und D. Flach, SZ 90, 1973, 96.

[78] Wir können also Jones (33) auf jeden Fall ignorieren: "The main reason for the *lex Sempronia* of 123 was simply to reassert *provocatio* against the gradual usurpation of criminal jurisdiction without appeal by magistrates acting under *senatus consulta.*" Jones geht im übrigen schon von einem falschen Grundsatz aus: siehe Anm. 41.

gesetzes installiert worden, das die sonst usuelle Volkswahl[79] durch die
Ernennung durch den Prätor ersetzte, und es ist ihm zu konzedieren,
daß Dios μὴ πρὸς τοῦ δήμου κατὰ τὰ πάτρια ... αἱρεϑέντες so klingt, als
wolle Dio sagen, im Regelfall seien sie vom Volk gewählt worden. Aber
Cicero hätte dann gerade an den Schluß seiner Antithesenreihe in 12,
ohne durch irgend etwas dazu genötigt zu sein, ein erbärmlich schwa-
ches Argument gestellt: denn ein Gesetz, das das Duumviralverfahren
begründete, hätte es ja dann auf jeden Fall gegeben, und das Volk wäre
noch dazu im Provokationsverfahren ein zweites Mal zu Wort gekommen[80]. Aber das *iniussu vestro*-Argument muß in Ciceros Augen
besonders stark und effektvoll gewesen sein, da er ihm sogar gegen die
chronologische Abfolge, in der ja die Geißelung durch den Henker erst
nach dem Urteil käme, die Schlußstellung zugewiesen hat. So werden
wir mit gutem Gewissen lieber Dios Wortlaut juristisch nicht allzusehr
pressen bzw. ihm die Gleichsetzung von mos maiorum und lex
Sempronia zutrauen. Gegen Ciceros unmittelbare Kenntnis der Rechts-
lage kommt Dio jedenfalls nicht an.

Im übrigen ist anzuerkennen, daß Mommsen, wiewohl die
lex Sempronia für ihn noch ein Provokationsgesetz im Sinn der Urteils-
überprüfung war, sich bei seiner Auslegung von *iniussu vestro* selbst
nicht wohl gefühlt hat. Ich gehe auf seinen geänderten Erklärungsver-
such sowie auf die von anderen Forschern vorgebrachten nicht weiter
ein[81], zum Teil, weil sie von der oben gegebenen Analyse des Cicerosat-
zes abweichen[82], zum Teil, weil sie zu gekünstelt sind[83], vor allem aber
in der Überzeugung, daß die soeben erwiesene Möglichkeit, die Quellen

---

[79] Hier hat die Sache schon einen Haken: der Rabiriusprozeß ist ja nach
Mommsen selbst der „einzige für die Entscheidung dieser Frage in Betracht
kommende Fall" (vgl. auch Hardy 112: There is absolutely no evidence that
duumviri perduellionis had ever been called into existence under the Republic).
Es gibt also keinen Quellenbeleg für Mommsens Satz: „Die Bestellung der
Duumvirn überweist das Spezialgesetz regelmäßig den Comitien."

[80] Ähnlich (allerdings auf der Basis, das Gesetz verlange den Instanzenzug im
Gerichtsverfahren) auch Lengle 331: „*Iniussu vestro* ... ist nicht mehr zu recht-
fertigen, wenn das Volk schon versammelt war, um eben zu entscheiden, ob die
Verurteilung bestätigt oder verworfen werden solle."

[81] Mommsen, Strafrecht 155[1], Tyrrell 83—86.

[82] Siehe etwa Tyrrell 86 zu Bauman.

[83] Etwa Hardy 116: Ciceros Vorwurf besage, die Duumvirn hätten kondem-
niert without some sign of approval from the assembled people — als ob die lex
Sempronia sich mit derlei zufrieden gegeben hätte!

ohne gekünstelte Interpretation zu harmonisieren, die Beweislast in der Frage denen zuschiebt, die für das Plebizit eintreten wollen.

Caesars „Sieg" in der ersten Debatte muß also, da es kein Plebiszit gab, durch einen Senatsbeschluß gewonnen sein, der die Anklage gegen Rabirius (entweder grundsätzlich oder — weniger wahrscheinlich — auch schon in der Form des Duumviralverfahrens) für statthaft erklärte. Diese Erkenntnis kann nun, wie einleitend schon angedeutet, Ciceros Haltung in der Affäre besser erklären als die Annahme, die etwa von Helm (61) vertreten wird, der Senat habe (noch vor Caesars Plebiszit) „aufgrund verfassungsmäßiger und anderer Bedenken das ganze Verfahren abgelehnt und in diesem Sinn einen Senatsbeschluß gefaßt." Helm stützt seine Vermutung, indem er auf eine Äußerung Ciceros verweist (17), wonach Labienus mit seiner ganzen Aktion (inklusive der Provokationsverhandlung) *omnem auctoritatem senatus* ignoriert hat. Aber Ciceros Tirade wird sich am ehesten auf eine Senatsaktion nach dem Duumviralurteil und dem Beginn des Provokationsverfahrens beziehen[84], und sie bildet jedenfalls den rhetorisch amplifizierenden Schluß des Exkurses über das perduellionis iudicium, wo man die Worte des Redners nicht auf die Goldwaage legen darf.

Ein Senatsbeschluß gegen das ganze Verfahren hätte Cicero von allem Anfang an verpflichtet, sich sowohl mit der Amtsgewalt des Konsuls wie als Redner in der Öffentlichkeit des Forums für Rabirius und gegen Caesars Plebiszit zu engagieren. Unsere Quellen lassen uns aber eher vermuten, daß er keines von beiden getan hat: Wir hören nichts von einer konsularischen Interzession am Beginn des Prozesses[85], und im Exordium seiner Rede bringt er seine Auctoritas in einer Weise ins Spiel, die den Eindruck macht, als setze er sie in dieser Sache jetzt zum ersten Mal vor dem Volk ein (wäre sie schon in früheren Contionen angegriffen worden, dann hätte er sie kaum als wirksames Eingangsmotiv verwendet). Alles wird verständlich, wenn ihm fürs erste die Hände durch Caesars Senatsbeschluß gebunden waren, den dieser wohl erreichte, während Ciceros Amtskollege Antonius die Senatsverhandlungen leitete[86]. Wir brauchen dann nicht (wie Loutsch

---

[84] Vgl. unten A. 130 zu *consilio, virtute, auctoritate.* Tyrrell 103 deutet *auct. sen.* auf das SCU, nach den Hinweisen auf die das Perduellionsverfahren verbietenden Prinzipien in *mos maiorum* und *leges* ganz unwahrscheinlich.

[85] Darauf macht Loutsch 1983, 312 aufmerksam, mit Verweis auf Mommsen, Staatsrecht I 276.

[86] So Gelzer 77 mit Anm. 64.

311 ff.) Vermutungen über irgendwelche dunklen Motive anstellen, die
Cicero anfänglich von einer Verteidigung des Rabirius abgehalten
haben könnten. Er mußte den Dingen nach außen hin zunächst ihren
Lauf lassen und konnte nur versuchen, die Stimmung im Senat zu än-
dern. Das scheint ihm noch zur Zeit des Provokationsprozesses nicht
gelungen zu sein, sonst wäre er vielleicht schon in diesem als Verteidiger aufgetreten (wiewohl ihn da auch die Erwägung leiten mochte, er
würde der Hauptverteidigung der Optimaten, die ja auf die Illegalität
des ganzen Duumviralverfahrens pochten, gleichsam in den Rücken fallen, wenn er dem Verfahren durch sein Auftreten als Verteidiger de facto doch den Anschein der offiziellen Anerkennung gäbe). Im Senat wird
er allerdings auf die Aufhebung des ersten Beschlusses hingearbeitet
haben, und seine Bemühungen werden gleichzeitig mit oder knapp nach
dem Provokationsverfahren zum Erfolg geführt haben.

Konzediert werden muß, daß sich als direkter Quellenbeleg für
diesen zweiten Senatsbeschluß bestenfalls der zuvor erwähnte Passus
in Cic. 17 heranziehen läßt. Sicher ungeeignet dazu ist Cic. in Pis. 4;
wenn Hardy 116 sich auf *ego in Rabirio perduellionis reo ... interpositam
senatus auctoritatem sustinui contra invidiam atque defendi* beruft, übersieht er, daß Cicero die *XL annis ante me consulem interpositam senatus
auctoritatem* meint, also das SCU des Jahres 100. Auch aus Cic. pro Rab.
32 *itaque non senatus in ea causa me agente diligentior aut inclementior fuit
quam vos universi, cum orbis terrae distributionem atque illum ipsum
agrum Campanum animis, manibus, vocibus repudiastis*[87] läßt sich direkt
nichts gewinnen. Zwar behauptet Lengle (332): „Hier ist klar von einer
Prüfung des Verfahrens gegen Rabirius durch den Senat die Rede, und
das Verhalten des Senates in *dieser*[88] Angelegenheit wird durch ein ähn-
liches Verhalten der Bürgerschaft bei einem anderen tribunizischen
Übergriff gerechtfertigt" (nämlich bei der lex agraria des Rullus)[89]. Aber
Cicero hätte, wollte er in dem zitierten Passus zwei verschiedene Streit-
fälle miteinander vergleichen, diese Opposition sicher stärker betont,
mit *in hac causa* (statt des bloß anaphorischen *in ea causa*) und mit *tum,
cum* (statt des unauffälligen *cum*). Er meint also schon in der ersten

---

[87] *repudiastis,* nicht mit Niebuhr und allen Editoren *repudiavistis,* schreibe ich
propter clausulam: *vocibus repudiastis* ergibt $-\cup-\cup\cup\cup-\overset{\cup}{-}$, die beliebteste
Auflösungsform von Creticus + Ditrochäus. (Übrigens ergibt auch in 20 *laudare
consuestis* die bessere Klausel als Mareks *laudare consuevistis.*)

[88] Meine Hervorhebung.

[89] Ähnlich wie Lengle anscheinend schon Meyer 554.

Periodenhälfte das Rullische Gesetz, und die Hauptbetonung liegt
darauf, daß sich damals der Senat und das Volk gleich ablehnend ver-
hielten. Indirekt allerdings bezeugt die Stelle doch, daß der Senat jetzt
auf der Seite des Rabirius steht, weil Cicero offenbar auf den Analogie-
schluß hinauswill: „Ihr werdet euch also gewiß auch in diesem Fall der
Meinung des Senats anschließen."[90] Ist aber der Senat jetzt für Rabirius, dann muß sein früherer Beschluß inzwischen aufgehoben bzw.
durch einen gegenteiligen ersetzt sein.

* * *

Anhang 4: in eadem multae irrogatione praescriptum

Dafür, daß Cicero Rabirius in einem Verfahren verteidigt, das als
neuer, zweiter Prozeß an die Stelle des duumviralen Perduellionsverfahrens getreten ist, bzw. dafür, daß dieser neue Ciceroprozeß ein tribu-
nizisches Multverfahren ist, sprechen zwar verschiedene Fakten und
schlüssige Erwägungen: die Tatsache, daß er die Rede als eine seiner
besten aus dem Konsulatsjahr edierte, was er gewiß nicht getan hätte,
wenn seinem Mißerfolg erst der Fahnentrick des Metellus hätte nachfol-
gen müssen; die Funktion von §§ 10—17, vom „Präjudiz" des Perduellionsverfahrens abzulenken; der Umstand, daß Labienus den augural-
rechtlichen Hemmungen bei den Zenturiatkomitien am besten
ausweicht, indem er mit einem tribunizischen Multprozeß vor das concilium plebis geht. Aber ein direkter Quellenbeleg für das Multverfahren
ist natürlich als Bestätigung der anderen Argumente nicht zu verachten
— die Frage ist nur, ob ein umstrittener Passus aus § 8 der Rede wirklich
diesen Beleg liefert: *Nam quid ego ad id longam orationem comparem*
quod est in eadem multae irrogatione praescriptum, hunc nec suae nec
alienae pudicitiae pepercisse? Gehört das mit diesen Worten
inkriminierte *stuprum* zu den Anklagepunkten des aktuellen Prozesses
oder einfach in die Reihe der Neben-Crimina, die Labienus in seiner Anklagerede sozusagen in der Rubrik *de vita et moribus Rabirii* vorgetragen
hat, die also mit dem Ciceroprozeß eigentlich nichts zu tun haben, weil

---

[90] Lengle wird also doch auch die populare Polemik gegen den Senat, die
Cicero in 20 bezeugt (*vos ipsi, qui hos patres conscriptos qui nunc sunt in invidiam*
vocatis), zu Recht mit dem durch Cicero herbeigeführten zweiten Senatsbeschluß gegen das Duumviralverfahren zusammenbringen.

Labienus bloß einen entweder unbestimmte Zeit zurückliegenden oder einen parallel neben dem jetzigen Kapitalverfahren herlaufenden Multprozeß zitiert?

Wir diskutieren den Passus zunächst unter dem Aspekt, ob er eine der eben genannten Möglichkeiten bestätigt oder ausschließt; auf eine mögliche Variation von Hardys Theorie, nach welcher der Ciceroprozeß ursprünglich von Labienus als Multprozeß begonnen, dann aber doch wieder in ein Kapitalverfahren umgewandelt worden wäre[91], gehe ich erst nachtragsweise ein, weil sie in dem hier relevanten Sinn nur eine Variation der Lösung ist, die Ciceroprozeß und Multprozeß gleichsetzt.

Die Stelle ist, seit Niebuhr das Multproblem aufgeworfen hat, beinahe endlos hin und her gewendet worden; die letzte ausführliche Diskussion findet sich bei Tyrrell (ad l. und S. 62 ff.); Tyrrell votiert gegen den Multprozeß. Wir können aber doch sicheren Grund gewinnen, wenn wir durch philologische Interpretation der Stelle und ihres Textzusammenhangs die folgenden Beweisgänge absichern: Erstens ist zu zeigen, daß der Sarkasmus der Aussage den Zuhörern nur verständlich sein konnte, wenn die *eadem multae irrogatio* nicht der Vergangenheit angehört, sondern aktuelle Gegenwart ist, und zwar eher im Ciceroprozeß als bloß gleichzeitig neben ihm. Und zweitens ist das in der bisherigen Debatte vernachlässigte *praescriptum est* unter die Lupe zu nehmen, das eine Gleichsetzung von Multverfahren und Ciceroprozeß nicht nur ermöglicht, sondern wie ich meine erzwingt.

Ad 1: Wir halten einleitend fest, daß *eadem* nicht sämtliche in 7 f. angeführten *crimina* zu Teilen einer einzigen Multklage macht[92], sondern höchstwahrscheinlich nur auf die unmittelbar vorher genannte Anschuldigung *de civibus Romanis contra legem Porciam verberatis aut necatis* zurückweist. Cicero bringt dieses *crimen* zwar in einem Atemzug mit *de servis alienis contra legem Fabiam retentis*, was Tyrrell 73 zu der Ansicht verleitet hat „*eadem* looks back to the violation of the *leges Fabia* and *Porcia*". Aber in Wahrheit sind wohl Verstöße gegen die lex Porcia, die ja Leib und Leben der Bürger gegen magistratische Übergriffe schützt, passende (Neben-)Gegenstände einer tribunizischen Multanklage (das kann übrigens wohl auch für das stuprum

---

[91] Hardy selbst setzt diesen „umgewandelten" Ciceroprozeß mit dem Provokationsverfahren, also dem Metellusprozeß, gleich; aber denkbar ist die Umwandlung an sich auch im zweiten, auf den Fahnentrick erst folgenden Verfahren.

[92] Vgl. dazu auch Hardy 117 f.

unserer Stelle gelten, das für gewöhnlich im aedilizischen Multprozeß verfolgt wird); zur lex Fabia, die das Eigentum an Sklaven schützt, gehört hingegen eine zivilrechtliche actio popularis (wie Tyrrell selbst S. 67 erwähnt). Und bereits das erste crimen der ganzen Reihe, der Religionsfrevel, war schon einmal vor einer Quaestio verhandelt worden, die Rabirius freigesprochen hatte; Labienus konnte es also gewiß nicht mehr als Teil einer Multklage nennen, sondern hat einfach durch seine Erwähnung in der Anklagerede Rabirius' vita et mores anzuschwärzen versucht, wie auch Ciceros Formulierung bestätigt (7): *de locis religiosis ac de lucis, quos ab hoc violatos esse dixisti* (eine Formulierung, die überdies in 8 beim crimen *de sororis filio* wiederkehrt: *quem ab hoc necatum esse dixisti*). Die Anklagepunkte des Multantrags hingegen waren schriftlich formuliert.

Nun zeigt ferner der Textzusammenhang, daß Cicero die Wendung *quod est in eadem multae irrogatione praescriptum* in sehr ironisch-sarkastischem Ton gesprochen haben muß. Sie muß nämlich bereits irgendeine Entgegnung auf den stuprum-Vorwurf enthalten: einerseits, weil Cicero auch alle anderen crimina nicht nur referiert, sondern durch Argumente abschwächt oder widerlegt, und anderseits beweist auch das unmittelbar nachfolgende *quin etiam suspicor eqs.* („Ja, ich vermute sogar . . ."), daß eben zuvor schon ein anderes Gegenargument zur Sprache gekommen ist. Das Gegenargument kann aber nur im Tonfall stekken, mit dem Cicero seinem Auditorium suggeriert: „Es ist eigentlich empörend, daß man es wagt, in ein und derselben Multklage neben der dem Ernst eines solchen Verfahrens angemessenen Beschuldigung, Rabirius habe die lex Porcia übertreten, derartige Angriffe gegen seine sittliche Lebensführung vorzubringen, die doch nichts sind als Klatsch und üble Nachrede."

In dem eben angeführten Sinn ist aber Ciceros Ironie seinen Zuhörern nur unter der Voraussetzung verständlich, daß sie über die *multae irrogatio*, welche von Cicero ja ganz unvorbereitet erwähnt wird, und noch dazu im Rückverweis auf die lex Porcia, die er selbst wiederum mit den wesentlich weniger schwerwiegenden Übertretungen der lex Fabia sozusagen auf eine Stufe gestellt hatte (was überdies, wenn es noch immer nachwirkte, seine Ironie abschwächen würde), daß sie also über die *multae irrogatio* unmittelbar und genau Bescheid wissen. Wie unabdingbar diese Voraussetzung ist, können wir leicht durch eine Art Gegenprobe kontrollieren. Wo nämlich Cicero vorher ironisch sprach, reichte sein Tonfall allein aus, seinen Zuhörern begreiflich zu machen, daß er das Gegenteil des Gesagten meinte. So in 6 bei *ad defen-*

dendum prope modum satis erit hoc mihi temporis, wo jeder mühelos versteht, daß mit „zur Verteidigung wird das bißchen Zeit annähernd ausreichen" gemeint ist „es wird mehr als genug sein" (also: *prope modum* statt *supra modum*). Ebenso in 8 *quid enim est tam verisimile quam cariorem huic sororis maritum quam sororis filium fuisse ...?,* wo auch jeder versteht, daß Cicero dem Argument des Labienus jede Lebenswahrscheinlichkeit abspricht[93] (zumal Cicero das vorher schon genannte unwahrscheinliche Mordmotiv — Gewinn von zwei Tagen, um den Aufschub eines Gerichtstermins zu erreichen — vorsichtshalber wiederholt: *atque ita cariorem, ut alter vita crudelissime privaretur, dum alteri ad prolationem iudicii biduum quaereretur*). An unserer Stelle sichert er sein Tonfallargument zwar vielleicht auch dadurch etwas ab, daß er den Vorwurf des *stuprum* verharmlosend umschreibt und so als bloßen Klatsch hinstellt (*hunc nec suae nec alienae pudicitiae pepercisse*); aber die Empörung von „und das stellt man auf eine Stufe mit der gesetzwidrigen Hinrichtung römischer Bürger!" ist unmittelbar verständlich und wirksam doch nur, wenn die Anschuldigung ganz aktuell ist.

Darum kann das crimen stupri sicher nicht Bestandteil einer schon erledigten, in Labienus' Anklagerede nur wieder aufgewärmten Multklage sein; hätte Labienus es als solchen referiert, wären bei der Fülle der Neben-Crimina und bei dem Tempo, in dem Cicero repliziert, Erinnerungs- und Verständnisvermögen der Zuhörer gewiß überfordert[94]. Eher denkbar ist schon, daß Labienus auf eine Multklage Bezug nahm, die zeitlich neben dem Ciceroprozeß herläuft. Aber das Einfachste und Nächstliegende ist es doch, daß Cicero eine derart lakonische Anspielung wagen kann, weil Multverfahren und Ciceroprozeß identisch sind.

Ad 2. Tyrrell wendet gegen diese Gleichsetzung ein (S. 73): *„eadem looks back ...,* not ahead to the charge of *perduellio.*"Ob diese Anklage im Ciceroprozeß wirklich auf perduellio lautet, darüber unten; hier zur Stringenz des Arguments, die *eadem multae irrogatio* weise nur (auf die lex Porcia) zurück. Das ist richtig, soweit es um *eadem* geht, aber alles andere als zwingend im Hinblick auf *praescriptum*[95]. Das Verbum

---

[93] Schwierigkeiten mit *verisimile* haben nur die Editoren (siehe die Apparate). Marek 1983 schreibt *veri ‹dis›simile,* in Anbetracht der anderen ironischen Stellen ganz unnötig.

[94] Überdies hätte Cicero auf eine bereits vergangene Multklage eher mit *erat praescriptum* verwiesen, nicht mit *est praescriptum.*

[95] Das Problem, das in *praescriptum* steckt, hat die Forschung bisher nicht erörtert, wohl deswegen, weil man im 19. Jh. meist *perscriptum* las (eine Konjek-

praescribere kann in einer Wendung wie *crimen stupri praescribere* keinesfalls in irgendeinem Sinn des Bedeutungsbereichs „vorzeichnen, vorschreiben, als Vorschrift äußern" verwendet sein; vorschreiben ließe sich eventuell eine Strafe (wie in Cic. dom. 83 *poena in rogatione praescripta*), aber gewiß nicht ein Vorwurf[96]. *Quod in multae irrogatione praescriptum est* kann also nur das bezeichnen, was im Multantrag dem eigentlichen Antrag als Präambel oder Nebenbegründung vorangestellt ist (*praescribere* als „vorher schreiben"). Daß die *praescriptio* eines Antrags mehr als den Namen des Antragstellers oder der ihn Unterstützenden enthalten konnte, belegt vielleicht auch Cic. fam. 5,2,4 (an Metellus Celer), über einen Antrag des Konsuls Cicero, wohl aus der Zeit der Catilinarischen Verschwörung, Metellus als Provinzstatthalter des nächsten Jahres betreffend: *illud senatus consultum . . . ea praescriptione est, ut, dum id exstabit, officium meum in te obscurum esse non possit.* Dazu bemerkt der Kommentar von Shackleton-Bailey (Oxf. 1977, 277): „As presiding officer Cicero would be named in the praeamble . . ., which evidently made complementary reference to Metellus' services as Praetor. This . . . will have constituted Cicero's *officium.* "

Labienus hat also in seinem Multantrag das *crimen stupri* nur einleitend als Nebenbegründung der eigentlichen Anklage genannt. Wir können und müssen demnach die Alternative, die für die Interpretation des Passus entscheidend ist, so formulieren: Entweder war das crimen stupri Nebenanklagepunkt in einem Multprozeß, in dem es hauptsächlich um die Verletzung der lex Porcia ging — dann kann dieser Multprozeß parallel neben dem Ciceroprozeß herlaufen —, oder stuprum und Vergehen gegen die lex Porcia sind gemeinsam Neben-Crimina im Ciceroprozeß. Mit der richtigen Fragestellung ergibt sich aber auch schon die richtige Antwort. Ciceros Sarkasmus würde nämlich ins Leere gehen, wenn schon der Ankläger die lex-Porcia-crimina zur Hauptsache, das stuprum zur Nebensache erklärt hätte; Cicero hätte dann den

---

tur von Manutius, bei Baiter-Halm und Kayser noch im Text; aber schon C. F. W. Müller verwies für das überlieferte *praescriptum* auf Cic. dom. 83 *poena . . . quae ne in ipsa quidem rogatione praescripta est*).

[96] Ich mache vorsichtshalber darauf aufmerksam, daß die im Lexikon von Klotz angeführte Bedeutung „aufschreiben, bekanntmachen" zwar an unserer Stelle passen würde, aber in Wahrheit nicht zu belegen, auch aus der Vorsilbe prae- nicht erklärbar ist. Schon Georges verzeichnet sie nicht mehr, ebensowenig das Oxford Latin Dictionary. Die bei Klotz angegebenen Stellen haben teils einen falschen Text (Quinct. 15 *proscribit*), teils sind sie anders zu fassen (in Vat. 5 „vorzeichnen", ebd. 13 „im vorhinein vorschreiben"); Att. 13, 5 ist Fehlzitat.

Vorwurf, der in *eadem* steckt, selbst mit *praescriptum est* wieder halb zu-rückgenommen. Sein Argument besteht aber gerade in seiner Empö-rung darüber, daß der Multantrag Ungleiches gleich gewichtet, und das ist nur der Fall, wenn die Verstöße gegen die lex Porcia und die Insinuationen über Rabirius' Wüstlingsleben gemeinsam (*eadem*) in der Präambel (*praescriptum*) vor dem eigentlichen durch Mult zu bestrafen-den Vergehen angeführt sind – und dieses Hauptcrimen kann dann nur mehr die Ermordung des Saturninus sein.

Die sprachlich-stilistische Interpretation der Stelle allein reicht also hin, um die Gleichsetzung von Ciceroprozeß und Multprozeß nicht nur als möglich oder als die relativ ungezwungenste Auffassung zu er-weisen: es ist die einzige Lösung, die Cicero nicht imputiert, er hätte unklar oder schlecht argumentiert. Das sei als Hauptergebnis nochmals festgehalten, bevor wir nachtragsweise auf einige Nebenfra-gen zurückkommen, die wir zuvor offen ließen: ob die Anklage noch im-mer auf perduellio lautet; und ob wir nach Hardy mit einem als Multpro-zeß begonnenen, aber dann doch wieder in einen Kapitalprozeß umge-wandelten Verfahren rechnen sollen.

Wie oben in Anhang 1 ausgeführt, ist die am ehesten diskussions-würdige Alternative zu der Auffassung, daß auf das von Labienus fallen-gelassene Provokationsverfahren der Ciceroprozeß als neues, selbstän-diges Multverfahren folgte, die von Meyer S. 555 und (in für die folgen-de Erörterung unwesentlicher Abweichung) auch von Tyrrell S. 44 ver-tretene. Danach spräche Cicero am Abstimmungstag des einen Perduel-lionsverfahrens (nur soll das Vergehen der perduellio nach Meyer durch eine Mult, nach Tyrrell kapital bestraft werden). Doch scheint die An-klage im Ciceroprozeß nicht mehr auf perduellio, sondern entweder auf *laesa maiestas* zu lauten, oder Labienus begründet seinen Multantrag einfach konkret mit der Tötung des Volkstribuns Saturninus. Gegen perduellio sprechen jedenfalls jene Stellen bei Cicero, wo er seine „Auf-hebung" des Perduellionsverfahrens erwähnt (z. B. 10 *de perduellionis iudicio, quod a me sublatum esse criminari soles* – näher darüber Anhang 7 mit Anm. 131). Dazu kommen weiter einige positive Hinweise darauf, daß Cicero möglicherweise in einem Majestätsprozeß spricht. Es ist gewiß kein Zufall, daß er schon im Exordium (2) das SCU als *illud summum auxilium maiestatis atque imperi* bezeichnet, wie er auch in der Peroratio die Haupttendenz seiner Verteidigung so zusammenfaßt (35): *vos ... ad suffragia cohortandos contra oppugnationem vestrae maiestatis putavi* (Marek hat wohl zu Recht auch eine Lücke in 34 danach ergänzt: *neque eripueritis rei publicae spem libertatis, spem salutis, spem ⟨maies⟩ta-*

tis). Denn im eigentlichen Hauptteil der Rede variiert Cicero den bekannten Wortlaut des SCU *videant* (oder *dent operam*) *consules, ne quid res publica detrimenti capiat*[97] folgendermaßen (20): *fit senatus consultum, ut … consules … operam … darent, ut imperium populi Romani maiestasque conservaretur*, und diese Abweichung von der Formel hat ihren Grund jedenfalls darin, daß Cicero an das Hauptthema des Prozesses erinnern will. Das wäre allerdings auch schon dann der Fall, wenn er bloß betonen wollte, daß Rabirius bei der Tötung des Saturninus von den edelsten patriotischen Motiven geleitet war[98]; und man kann sich auch fragen, warum Cicero, wenn Labienus seine Anklage als Vertretung der *maiestas populi* inszeniert hat, sich die Gelegenheit zur retorsio criminis entgehen läßt. (Oder erschien ihm das doch zu gewagt und er begnügte sich mit der unterschwelligen Zurückgabe des Vorwurfs?) Wir werden am besten tun, wenn wir vorsichtshalber als Begründung von Labienus' Multantrag nicht perduellio oder laesa maiestas, sondern konkret die Tötung des Volkstribunen Saturninus annehmen.

Für die These von Hardy[99] schließlich scheint zu sprechen, daß sie die ungezwungene Anerkennung zweier Gegebenheiten der Cicerorede erlaubt, einerseits der oben in Anm. 4 besprochenen Stellen über die Gefährdung von Rabirius' *caput* und *vita*, andererseits des eben erörterten Mult-Passus (denn auch wenn die Anklage inzwischen wieder kapital ist, könnte der Wortlaut der multae irrogatio noch als einigermaßen aktuell bekannt sein). Aber sie wäre eben doch nicht mehr ganz aktuell, was den Vorteil wieder aufwiegt, die *caput*-Stellen wörtlich nehmen zu können. So fällt am Ende der Umstand entscheidend ins Gewicht, daß Labienus mit der kapitalen Anklage doch wieder vor die Zenturiatkomitien gehen müßte[100], wo er nicht selbst Herr des Verfahrens wäre und augurale Obnuntiationen zu gewärtigen hätte. Für Cicero ist er jedenfalls der Amtsträger, der dem Verteidiger die Redezeit zumessen kann (6): *quoniam … me … in semihorae curriculum coegisti, parebitur … inimici potestati*[101].

---

[97] Siehe dazu schon Heitland (ad l. und Appendix A).

[98] So erklärt Heitland ad l. die auffällige Formulierung.

[99] Siehe oben bei Anm. 91.

[100] Meyer (555 f.) will aus Cic. 2, 3 und 18 (wo Cicero die Quiriten als den patriotischen *populus* anspricht, der ihn auch zum Konsul gewählt hat) schließen, er verteidige doch vor den Centurien. Aber er konnte natürlich in jeder beliebigen Contio solche Töne anschlagen: so z. B. in leg. agr. 2, 2 ff.

[101] Dies für eine rhetorische Ungenauigkeit zu halten ist nicht ratsam, weil Cicero ja gerade die Ungerechtigkeit herausstreicht, daß Ankläger und versammlungsleitender Amtsträger eine Person sind.

Anhang 5: Überarbeitung der Rede?

Der Quellenwert von Ciceros Rede pro Rabirio wäre einigermaßen beeinträchtigt, wenn wir mit größeren redaktionellen Eingriffen in den ursprünglichen Text rechnen müßten, die Cicero angebracht haben könnte, als er im Jahre 60 das Corpus seiner konsularischen Reden herausgab. Der Überarbeitungsverdacht richtet sich sowohl gegen die historische Zuverlässigkeit des Textes — Cicero könnte zumindest seine späteren Erfahrungen mit dem SCU hineinredigiert haben[102] — als auch gegen das Bild, das er von seiner oratorischen Leistung bietet — der orator doctus könnte seine Benützung des Demosthenes, die genaue Aufzählung der Politiker des Jahres 100 und die Argumentation mit dem Unsterblichkeitsglauben erst nachträglich eingefügt oder ausgeweitet haben[103].

Die Frage ist nur, ob man sich im Sinn von Tyrrells „revision ... can neither be proved nor disproved" (52) mit der potentiellen Unzuverlässigkeit der Rede als Dokument abfinden muß oder ob doch ein konkreter differenzierendes Urteil über einzelne dem Überarbeitungsverdacht unterliegende Passagen erreichbar ist. Ich möchte, bevor wir die Rabiriusrede unter die Lupe nehmen, die grundsätzlich möglichen Positionen und Argumentationsweisen anhand eines methodisch lehrreichen Problems in der ersten Catilinaria vorführen, zu welchem sich nach mir (Primmer 1977) Helm und W. Stroh 1982 geäußert haben.

Zur ersten Catilinaria vertritt die eine mögliche Extremposition Helm, der nur ein knappes Viertel des ganzen Texts (etwa 90 von 400 Zeilen der Oxfordausgabe) als original anerkennt[104]; den Großteil unseres Redetextes habe Cicero erst im Jahr 60 geschrieben, als er (wie Cic. Att. 2,1,3 belegt) das Corpus seiner konsularischen Reden herausgab und die Gelegenheit nützte, sein inzwischen heftig umstrittenes Vorgehen gegen die Catilinarier aus der neuen politischen Situation heraus nachträglich zu rechtfertigen. Aber auch die andere Extremposition ist verteidigt worden: Nach McDermott 1972 ist die Revision des

---

[102] Neben Helm vgl. z. B. Tyrrell 52: Revision is possible in the interpretation of the last decree (2—4), the designation of Saturninus as a *hostis* (18) and Cicero's claim that in similar circumstances he would act as energetically and resolutely as Marius and the others (30; 35). Ähnlich Phillips 98, der § 18 f. (Cicero könne vor dem Volk nicht „im Tod des Saturninus schwelgen") und 27 verdächtigt (Marius als *pater patriae*, wie Cicero selbst).

[103] So Helm zu den entsprechenden Stellen der Rede (nähere Angaben unten S. 56 ff.).

[104] Die „echten" Passagen zählt Helm in seinem Resümee S. 250 auf.

Jahres 60 nur eine Illusion; Cicero habe seine konsularischen Reden schon 63 sukzessive veröffentlicht. Um diese These zu widerlegen, brauchen wir im Fall von Catil. 1 gar nicht näher zu begründen, daß Erst- und Zweitveröffentlichung einander ja nicht ausschließen[105], weil wir wenigstens einen späteren Eingriff Ciceros urkundlich nachweisen können. An der Stelle, die mit dem berühmten *cum tacent clamant* endet (20 f.), führt Cicero Catilina vor Augen, daß der Senat sich von ihm zumindest indirekt distanziert: gegen die Aufforderung des Konsuls, Catilina solle ins Exil gehen, erhebt sich kein Widerspruch, gegen die Ausweisung der optimatischen Politiker P. Sestius und M. Marcellus würde der Senat handgreiflich protestieren – so etwa der Wortlaut der publizierten Rede. In der Senatssitzung vom 8. 11. 63 hatte Cicero jedoch nicht Sestius und Marcellus genannt, sondern den hochangesehenen Q. Lutatius Catulus, wie aus dem Diodorexzerpt 40, 5 a unzweifelhaft hervorgeht: Diodors Bericht ist von Cicero unabhängig, und selbst wenn er den Verlauf der Debatte nicht exakt wiedergeben sollte[106], der Namenstausch erklärt sich überzeugend daraus, daß Catulus zur Zeit der Corpusedition bereits tot war – im Jahr 63 aber war es sicher wirksamer, den etwa sechzigjährigen Konsular zu nennen als den *adulescens optimus* (und Quästor) Sestius[107].

Der Auffassung von McDermott steht relativ nahe – allerdings unter Vermeidung von dessen unhaltbaren Extremannahmen – W. Stroh (1975, 50 f. mit Anm. 84 und 90; 1982, Anm. 22). Stroh rechnet mit der Möglichkeit von redigierenden Änderungen, aber nur von solchen, die aus der Situation, in der die Rede gehalten wurde, nicht als Anachronismen herausfallen[108] (in diesem Sinn ist ja z. B. die Änderung der Namen in Catil. 1,21 tatsächlich belanglos). Nach Stroh gilt also (1975, 53): „Nicht die wirklich gehaltene Rede muß publiziert werden, sondern die Rede, wie sie wirklich gehalten sein *könnte*, . . . wir könnten auch sagen: daß die schriftliche Rede eine bessere mündliche Rede ist." Ist das richtig, dann haben wir die erste Catilinaria historisch unverändert, oratorisch eventuell verbessert.

---

[105] Literatur zu den Fragen der Zweitedition und Überarbeitung im allgemeinen bei Helm 7 f., Anm. 19 und 21 f.

[106] Reserven meldet an Stroh 1982, 13 mit Anm. 19.

[107] Vgl. RE XIII 2091, 61 ff. und 2092, 61 ff. (Münzer). Cicero erwähnt den Tod des Catulus in Att. 1, 20, 3 (Mai 60), das Redecorpus in 2, 1, 3 (Juni 60).

[108] Z. B. 1975, 50[84]: „Ich kann mich . . . nicht entsinnen, beim Studium von Ciceros Reden eine einzige Stelle gefunden zu haben, die man sich nicht in der für die Gesamtrede vorzustellenden Situation gesprochen denken könnte."

Ich stimme meinerseits dieser Ansicht im Grunde zu, allerdings mit der Modifikation, daß wir doch an einer Stelle einen Anachronismus nachweisen können, der freilich zu unbedeutend ist, als daß er das Gesamtgefüge der Rede im Sinne Helms auflösen würde[109]. Es geht um den Satz in 22: *tametsi video, si mea voce perterritus ire in exsilium animum induxeris, quanta tempestas invidiae nobis, si minus in praesens tempus recenti memoria scelerum tuorum, at in posteritatem impendeat.* Wenn Cicero einen Sturm von *invidia* „zwar nicht für die Gegenwart, wo das Wissen um deine Verbrechen noch frisch ist, aber für die Folgezeit" heraufziehen sieht, dann macht der Hinweis auf die *posteritas* doch sehr den Eindruck eines oraculum ex eventu. Allerdings, der bloße Verdacht ist noch kein Beweis (und Helm 138[80] verweist für die Tatsache, daß Cicero schon im Jahr 63 die *invidia* der Gegner fürchtete, auf Catil. 2, 14 ff.).

Exakt bewiesen werden kann eine historisch unstimmige Zufügung nur, wenn sich aufzeigen läßt, daß sie erstens im unmittelbaren Textzusammenhang stört und daß dieser Kontext zweitens seinerseits ins historisch unverdächtige Redeganze paßt. Nun brauchen wir — um gleich die zweite Bedingung zu diskutieren — zum Glück die Analyse Helms nicht Punkt für Punkt durch die ganze Rede hindurch zu widerlegen. Im Grunde genügt uns zur Absicherung der Historizität des Redeganzen schon die Einsicht, daß Cicero am 8. 11. 63 zwei zueinander z. T. gegensätzliche Ziele ansteuern muß: zum einen, Catilina so vom teilweise noch schwankenden Senat zu isolieren[110], daß er sich veranlaßt sieht, seine Absicht, Rom zu verlassen, endlich in die Tat umzusetzen; und zum anderen, eben diesem Senat klarzumachen, daß Catilina eigentlich nicht von Cicero und dem Senat vertrieben wird, sondern aus eigenem Entschluß geht. Nun erreicht Cicero sein erstes Ziel, einen Keil zwischen Catilina und den Senat zu treiben, endgültig in 21, also gerade vor dem Passus 22 f., den wir genauer betrachten wollen, und er enthüllt im unmittelbaren Anschluß an diesen (in 24) Catilinas bereits erfolgte Ab-

---

[109] Vgl. zum Folgenden Primmer 1977, bes. 36—38 (einzelne Korrekturen an meiner früheren Argumentation scheinen mir allerdings nötig).

[110] Nach Helm (99) müßte es Cicero klar gewesen sein, „daß es letzten Endes vermutlich zu einer g e w a l t s a m e n (Sperrung von mir) Ausweisung Catilinas durch den Konsul und den Senat würde kommen müssen". Nein, Cicero mußte wissen, daß er vom Senat nur halbherzig unterstützt werden würde, und genau darum entspricht sein Ausweisungs„befehl" ohne Senatsbeschluß (§ 20 f.) der Situation bestens (wie überdies auch Diod. 40, 5 a belegt).

marschvorbereitungen, natürlich im Interesse seines zweiten Beweisziels[111]. Wenn Cicero also in 22 mit *quamquam quid loquor? te ut ulla res frangat?* beginnt, so signalisieren bereits diese Worte, daß der Redner jetzt nicht mehr mit dem schon erledigten ersten Hauptthema beschäftigt ist; die §§ 22 f. werden – wie wir vermuten dürfen – unter anderem die Funktion haben, den verdeckten Gegensatz zwischen erstem und zweitem Hauptziel zusätzlich zu kaschieren und zu dem Nachweis, den Cicero in 24 führen wird, überzuleiten, daß Catilina ohnehin beabsichtigt, Rom zu verlassen.

Helm (138 f.) interpretiert allerdings 22 f. nicht als Einleitung zum zweiten, sondern als Nachtrag zum ersten Hauptteil. Nach Helm unternimmt Cicero im Bewußtsein, daß Catilina den Ausweisungsbefehl doch nicht befolgen wird, wider besseres Wissen gleichsam noch einen letzten Versuch, Catilina zu überreden, doch eher ins Exil als zu Manlius nach Etrurien zu gehen, weil die Wahl des Exils Cicero Anfeindungen einbringen wird, während sein offener Übergang zu den Aufrührern dem Konsul nur Ruhm brächte. Wäre diese Interpretation korrekt, dann müßten wir auch Helms weiterer Argumentation zustimmen: daß der Haß oder Ruhm, den er Cicero verschaffen würde, für Catilina in der Situation des Jahres 63 gewiß kein primärer Handlungsgrund sein konnte und daß infolgedessen Cicero 22 f. erst mit dem Blick auf die Leserschaft des Jahres 60 eingefügt habe.

Helms Auffassung scheitert zumindest am Text von 23: *proficiscere ac, si mihi inimico ut praedicas tuo conflare vis invidiam, recta perge in exsilium: vix feram sermones hominum, si id feceris, vix molem istius invidiae, si in exsilium iussu consulis ieris, sustinebo; sin autem servire meae laudi et gloriae mavis, egredere cum importuna sceleratorum manu, confer te ad Manlium, concita perditos civis, secerne te a bonis, infer patriae bellum, exsulta impio latrocinio, ut a me non eiectus ad alienos, sed invitatus ad tuos isse videaris.* Wenn Cicero hier Catilina das Exil wirklich und ernstlich schmackhaft machen und ihn vor der Alternative Etrurien

---

[111] Helms Argument (S. 140 f.) gegen die Ursprünglichkeit von 24 (Cicero hätte die Catilina belastenden Tatsachen schon in 8–10 mit nennen müssen) übersieht, daß es Ciceros gutes Recht war, einen Teil seines Belastungsmaterials für den zweiten Hauptteil der Rede aufzusparen; außerdem erwähnt Cicero in 8 ff. vielleicht nur Dinge, die er dem Senat schon zur Kenntnis gebracht hatte, bevor Catilina in die Sitzung kam (zu seinem späten Erscheinen, das übrigens auch Helms Haupteinwand gegen das Exordium der Rede gegenstandslos macht, vgl. Stroh 1982, 11 mit Anm. 14). – Nebenbei: Helms Kritik (141[83]) an Primmer 1977, 36 (zu § 24 ff.) ignoriert meine Anm. 22.

warnen wollte, dann durfte er nach dem neutralen, die Wahl noch frei-
stellenden *proficiscere* („Verlaß Rom!") die beiden Möglichkeiten (Exil
oder Etrurien) nicht mit *si* und *sin autem* gleichwertig nebeneinander-
stellen. Er mußte die lange Reihe der Imperative (von *egredere* bis *exsulta*) kurz halten und statt dessen die unerwünschte Folge des *servire meae
laudi et gloriae* breit ausmalen, die überdies nicht in den Nebensatz, sondern in den Hauptsatz gehört hätte, wie Helms eigene Paraphrase beweist, welche Ciceros „wenn — so" umkehrt: „Jedoch muß er ins Exil
gehen; denn wenn er zu Manlius geht, so verschafft er Cicero gloria,
woran Catilina sicher nicht gelegen ist."

Auf Ciceros Imperativreihe könnte nur dann nicht die Hauptbetonung liegen, wenn wir sie als ernstgemeinte Aufforderung mißverstehen
würden. Aber eben weil der Konsul nicht ernsthaft sagen kann *infer patriae bellum,* ist nicht zu bezweifeln, daß er in höhnisch-aggressivem
Ton spricht und in Wahrheit andeuten will, daß seine „Befehle" und
Catilinas Absichten ohnedies identisch sind. Dieselbe höhnische Ironie
darf aber schon in der Formulierung der ersten Alternative nicht über-
hört werden. Wollte Cicero Catilina wirklich zum Exil überreden, dann
dürfte er ihn weder mit der Wendung *inimico ut praedicas tuo* daran
erinnern, daß Ciceros persönliche Feindschaft nur eine propagandisti-
sche Schutzbehauptung Catilinas ist, noch dürfte er die *invidia* als relativ ungefährliche „Redereien der Leute" hinstellen (in dem ironischen
vix feram sermones hominum). Überhaupt war ja Ciceros Exil-„Befehl"
schon im ersten Hauptteil der Rede nie ganz wörtlich zu nehmen; dürfte
doch, wie Stroh 1982, 12 wahrscheinlich gemacht hat, Catilina selbst
das Stichwort „Exil" in die Debatte geworfen haben[112]), um Ciceros
schwache Position im Senat zu enthüllen, welcher einem Ausweisungsbefehl nicht zustimmen würde. Und weil es Cicero in 21 eigentlich gar
nicht auf den Exilbefehl angekommen war, sondern auf die Trennung
des Senats von Catilina, kann er in 22 auch, ohne in einen Widerspruch
zu 21 zu geraten, zweimal offen aussprechen, daß er gar nicht mit einer
Selbstverbannung Catilinas rechnet.

---

[112] Ich stimme Strohs Kritik an meiner früheren Analyse der Rede so weit zu,
daß ich den Unterabschnitt 13 ff. jetzt als von Catilinas Einwurf provoziert aner-
kenne. Stroh geht aber seinerseits zu weit, wenn er meint, daß die Rede überhaupt „keinen Aufbau hat, sondern nur einen Ablauf" (14). Denn im Großen
konnte Cicero den Hauptaufbau der Rede trotzdem einheitlich planen; daß er
angesichts der mißtrauischen Zurückhaltung der Senatsmehrheit lavieren bzw.
vor den Konservativen sein Manövrieren verteidigen müsse, war vorherzuse-
hen.

Die §§ 22 und 23 passen also an sich durchaus ins Redeganze und in die historische Situation des Jahres 63 — mit der Ausnahme jenes einen Hinweises auf die *in posteritatem* drohende *tempestas invidiae.* Wir können jetzt, nach der genauen Interpretation von 22 f., den zuvor geforderten Beweis führen, daß dieser Ausblick auf die Zukunft nicht bloß verdächtig wirkt, sondern im unmittelbaren Textzusammenhang stört. Cicero mag im Jahr 63 gesagt haben: „Ich sehe zwar, daß du, wenn du ins Exil gehst, invidia gegen meine angebliche Grausamkeit zu wecken versuchen kannst; aber das riskiere ich gern, wenn dadurch der Staat von einer Gefahr befreit wird.“[113]) Auf eine in solcher Weise halb ironische Anerkennung der invidia-Gefahr kann die volle Ironie von *vix feram sermones hominum* als Steigerung folgen. Unmöglich hingegen kann vor dieser die zukünftige Gefährdung Ciceros ganz ernstgenommen sein — von dort würde kein Weg zum ironischen „Ich werde das Gerede der Leute kaum aushalten können“ weiterführen.

Unser Nachweis des geringfügigen Eingriffs, mit dem Cicero den Originaltext im Jahr 60 veränderte, hat eine Kehrseite: wir haben zugleich bewiesen, daß der Originaltext von 63 zum großen Teil unangetastet blieb. Dieses Resultat steht, wie man sieht, der Ansicht von Stroh um vieles näher als der von Helm vertretenen weitgehenden Dekomposition der ersten Catilinaria; und wir dürfen erwarten, daß Beweisgang und Ergebnis in der Rabiriana ähnlich verlaufen und ausfallen werden, daß sich also Tyrrells Meinung, Überarbeitung könne weder bewiesen noch widerlegt werden, als zu fatalistisch und undifferenziert erweisen wird.

Dem Verdacht auf anachronistische Überarbeitung ist natürlich vor allem das Exordium der Rabiriana ausgesetzt, wo Cicero von der staatserhaltenden Wichtigkeit des SCU spricht. Den methodisch richtigen Weg — Nachweis bzw. Anerkennung der Argumentation Ciceros als in den Hauptzügen original nebst Überprüfung einzelner Passagen auf nachträgliche Veränderungen — hat hier bereits Helm (70 ff.) beschritten, allerdings bedürfen seine Ausführungen der Ergänzung und Korrektur. Er rechtfertigt die prinzipielle Situationsadäquatheit des Gedankengangs nur aus seiner Angemessenheit innerhalb des Exordiums (Cicero passe sich geschickt der Vorstellungswelt und den Gefühlen sei-

---

[113] Ich war also möglicherweise zu weit gegangen, als ich 1977, 38 den Passus von *tametsi video* bis *periculis seiungatur* ohne Ersatz aus dem Text des Jahres 63 streichen wollte. Dagegen Stroh 1982, Anm. 22, leider ohne Angabe von Gründen.

ner Zuhörer an und streiche die Interessengemeinschaft zwischen Konsul und Quiriten heraus). Das ist natürlich richtig; es hätte sich aber empfohlen, auch die Vorbereitungsfunktion herauszuarbeiten, die das Lob des SCU für die Hauptargumentation in 18—24 hat, wo ja Rabirius gerade damit gerechtfertigt wird, daß *ad arma consules ex senatus consulto vocavissent* (21)[114]. Die Verankerung des Themas SCU im Herzstück der Rede beweist am besten, daß es seinen Platz auch schon im ursprünglichen Exordium hatte.

Helm meint nun, daß Cicero es in unserem Redetext doch an mehreren Stellen in anachronistischer Weise darstellt. Denn Cicero habe es erst nach der Catilinaaffäre nötig gehabt, „nahezulegen, nicht die Konsuln, sondern der Senat habe etwaige aufgrund eines SCU vorgenommene Handlungen zu verantworten. Nach aller Wahrscheinlichkeit haben wir daher an den genannten Stellen (sc. in 2 und 3, wo Cicero von der *auctoritas senatus* und dem *summum in senatu consilium* spricht) eine Rechtfertigung des wegen der Hinrichtung der Catilinarier angegriffenen Konsulars Cicero vor uns" (74). Wenn Cicero an diesen Stellen ausdrücke, daß der Senat „allein die Politik bindend festlege und vor allem die Verantwortung für alle Maßnahmen trage, die auf seine Verantwortung von den Konsuln vollzogen werden", so widerspreche dies „der gewöhnlichen Auffassung, nach der es den Konsuln nach dem Erlaß des SCU zwar freistand, den Senat zu bestimmten Fragen zu konsultieren, dieser aber nur Ratschläge, keine bindenden Befehle erteilen kann, und die Verantwortung für zu treffende Maßregeln allein die Konsuln zu übernehmen haben" (73).

Um Helms Überarbeitungsbehauptung zu widerlegen, brauchen wir uns glücklicherweise auf die Frage nicht einzulassen, ob ein SCU die Macht der Konsuln de iure oder nur de facto stärkt[115]. Entscheidend ist, daß Cicero an den inkriminierten Stellen die Alleinverantwortung des Senats gar nicht betont, also gar nicht in apologetischer Absicht von „der gewöhnlichen Auffassung" Helms abweicht, sondern einfach seine eigene Auffassung vom notwendigen Zusammenwirken des Senats und der Konsuln in Notstandssituationen ausspricht[116] — und diese Auffas-

---

[114] Angesichts dieses funktionalen Zusammenhangs ist mir unverständlich, warum Loutsch 308 f. (mit Anm. 23) darauf insistiert, das SCU werde nach dem Proömium erst wieder in der Peroratio unter dem Aspekt seiner politischen Bedeutsamkeit betrachtet.

[115] Dazu vgl. neben Helm noch Mitchell 1979, 209 ff.

[116] Dazu gehört als notwendige Ergänzung natürlich auch die *consensio bonorum,* welche Helm 75 verdächtigt, weil Cicero zur Zeit des Rabiriusprozesses

sung wird er nicht erst nach der Catilinaaffäre gewonnen, sondern schon in seiner Jugend von seinen konservativen Vorbildern und Lehrmeistern geerbt haben[117]. *Summum in consulibus imperium, summum in senatu consilium putare* – das ist eine ganz allgemeine Maxime spätrepublikanischer konservativer Politik und nicht eine Formel, die eine unangenehme Verantwortung von den Konsuln ab- und dem Senat zuschieben will.

Ein einziges Kolon einer einzigen Periode stört wirklich: wenn Cicero es (in 3) nicht nur als Pflicht des Konsuls in einer Notstandssituation bezeichnet, *ferre opem patriae, succurrere saluti fortunisque communibus, implorare civium fidem* (was alles auf den Marius des Jahres 100 zutraf, also auch in der Jahresmitte 63 gesagt werden kann), sondern auch *suam salutem posteriorem salute communi ducere*. Hier hört man dasselbe Pathos wie am Beginn der vierten Catilinaria (*video vos ... de meo periculo esse sollicitos ... sed ... obliti salutis meae de vobis ac de vestris liberis cogitate*); aber in welcher Gefahr schwebte Cicero, als er Rabirius verteidigte[118]? Wir kommen also zum selben Schluß wie bei Catil. 1, 22 f.: Da sich aus dem ganzen Exordium nur eine Wendung als anachronistisch herausstellt, dürfen wir im allgemeinen der historischen Zuverlässigkeit unseres Textes trauen, jedenfalls soweit es um Ciceros Stellung zum SCU geht[119]; aber auch der Verdacht gegen 18 f. (vgl. oben Anm. 102) ist kaum zu begründen, weil Ciceros Hauptverteidigung des Rabirius doch gerade auf der Verurteilung des Saturninus als hostis rei publicae beruht.

Nun zu den angeblichen Zufügungen des doctus orator zum originalen Redetext. Lieblingsobjekt der Kritiker sind hier Ciceros Ausführungen über die Hoffnung der Staatsmänner auf Nachruhm und Unsterblichkeit bzw. über die Verpflichtung der Nachlebenden, Ehre und An-

---

noch nicht von ihrer Notwendigkeit in der Zukunft habe sprechen können. Aber brauchte er dazu wirklich erst den konkreten Anlaß der Catilinarischen Verschwörung?

[117] Vgl. Mitchell 1979, Kap. 1, Cicero's Political Heritage, bes. S. 41.

[118] So auch Helm 75 f.

[119] Überflüssig also der Versuch von Loutsch, dadurch zum selben Urteil über den Text zu kommen, daß er statt des SCU in *illud summum auxilium maiestatis atque imperi* (2) bloß die evocatio sehen will; diese beruht für Cicero selbstverständlich auf dem SCU (vgl. etwa 35 *facerem idem quod C. Marius fecit: ad senatum referrem, vos ad rem publicam defendendam cohortarer, armatus ipse vobiscum armato obsisterem*), und ihre mehrmalige Hervorhebung in der Rede ist bedingt durch Ciceros Absicht, das Interesse auf den für Rabirius unverfänglichen Zeitpunkt zu lenken.

denken der großen Toten zu bewahren (in 26 f. und vor allem in 29 f.).
Natürlich beweisen auch in diesem Fall vage Verdächtigungen gar
nichts: wenn etwa H. Fuchs 1959, 2 f., dem sich Helm 87 anschließt,
meint, das philosophische Thema komme aus einem rein persönlichen
Motiv zur Sprache, Cicero wolle nämlich den Lesern des Jahres 60 den
Undank bewußt machen, mit dem man ihm seine Leistungen als Konsul
vergelte, so läßt sich dem schon entgegenhalten, daß er selbst seine Be-
redsamkeit durch den Hang zum Ausbreiten philosophischer Gedan-
kengänge charakterisiert sieht (vgl. etwa Brut. 322). Zudem ist oben im
Vortragstext ausgeführt, daß 26 f. und 29 f. kein müßiger Aufputz sind,
sondern die Funktion haben, von seiner schwächlichen Widerlegung
des gegnerischen Hauptarguments in 28 abzulenken[120].

Immerhin, einen konkreten Anachronismus glaubt Helm (86) nachweisen zu können: der Einwurf, den Cicero Labienus zuschreibt (Anfang 29: *quid iam ista C. Mario, inquit, nocere possunt, quoniam sensu et
vita caret?*), passe nicht in die Prozeßsituation; es sei „nahezu ausge-
schlossen, daß der Popular Labienus in seiner Rede zu verstehen gab,
er nehme es billigend in Kauf, daß er mit seinen Vorwürfen gegen Rabirius[121] auch Marius angreife, den Heros der Popularen und Onkel des
ihn unterstützenden Caesar". Darum müsse der Einwurf von Cicero
stammen, „als Aufhänger . . ., den er benötigte, um seine an den Leser
adressierten Ausführungen der §§ 26 f. und 29 f. entwickeln zu können".
Helms Diagnose würde stimmen, wenn wir voraussetzen müßten, daß
Cicero Labienus wörtlich zitierte; aber wir müssen doch mit der Möglichkeit rechnen, daß Cicero eine Äußerung des Labienus, etwa einen
Zwischenruf wie „Um den toten Marius brauchst du dich nicht zu sor-
gen, verteidige den lebenden Rabirius!"[122] aufgegriffen und in Tendenz

---

[120] Helms Feststellung, „daß es abwegig gewesen wäre, wenn Cicero, wie er
zunächst vorgibt (§ 26 f.), von sich aus zu Ausführungen dieser Art ausgeholt
hätte", enthält ein Körnchen Wahrheit; aber Ciceros Leistung besteht eben
darin, daß es ihm gelingt, Labienus' Hauptargument als scheinbare Nebensache
im Kontext eines von ihm selbst entwickelten Gedankengangs zu präsentieren.
Zutreffend Boulanger (in der Einleitung zu seiner Ausgabe, Paris 1932, 131):
L'orateur lui-même sent si bien la vanité de cette défense (in § 28) qu'il se hâte
de détourner l'attention de ses auditeurs par une brillante digression sur le sort
des grands hommes après leur mort.

[121] Statt „Rabirius" schreibt Helm irrtümlich „Labienus".

[122] Cicero hatte Labienus durch entsprechende Wendungen provoziert: 26 *an
non intellegis, . . . quales viros mortuos sceleris arguas? . . . quemadmodum mortuos
defendemus?* 27 *L. Flaccum . . . nefarii sceleris ac parricidii mortuum condemnabi-*

und Wortlaut umgeformt oder vergröbert hat. Eine solche partielle Fiktion ist dem Redner ohne weiteres zuzutrauen[123].

Im Grunde hat der eben besprochene Überarbeitungsverdacht ebenso wie der, den Helm (S. 82–84, mit Anm. 48 und 52) gegen Teile von §§ 22–24 vorbringt, zwei Wurzeln: man unterschätzt Ciceros Fähigkeit und Willen, aus dem reichen Fundus seiner literarischen, historischen und philosophischen Bildung zu schöpfen, und man achtet zuwenig darauf, wie sich die entsprechenden Passagen in den Kontext seiner Überredungsstrategie fügen. Besonders kraß zeigt sich das an 20 *hic iam, ut omittam cetera, de te ipso, Labiene, quaero* eqs.: ausgerechnet die zentrale Stelle von Ciceros erstem Substitutionstrick (siehe dazu S. 18 f.) soll erst nachträglich an die Kranzrede des Demosthenes angeglichen sein. Das ist an sich ganz unwahrscheinlich und gewinnt an Wahrscheinlichkeit auch nicht durch die Erwägung, wir müßten schon deswegen mit späteren Einfügungen rechnen, weil die publizierte Rede selbst in dem lückenhaften Textzustand, in dem wir sie besitzen, nicht binnen jener halben Stunde deklamiert werden kann, die Cicero zur Verfügung stand[124].

* * *

Anhang 6: Das Zwischenstück § 25 f.

Das im Vortrag übergangene Zwischenstück reicht von 25 *at C. Decianus* bis 26 *C. Deciani naufragium fortunarum videres*. Es ist in doppelter Weise deutlich abgegrenzt: von außen dadurch, daß ihm einerseits die letzte Formulierung des Trilemmas vorausgeht, anderseits das neue (auf 28 vorausweisende) Motiv von Labienus' *imprudentia* folgt, und nach innen dadurch, daß es vom warnenden Beispiel des C. Decianus und Sex. Titius gerahmt wird.

Seiner Zwischenstellung zwischen den Hauptabschnitten des Hauptteils 18–31 entspricht seine Multifunktionalität im Ablauf des Überredungsprozesses. Es trennt die Hauptabschnitte und schafft einen Übergang zwischen ihnen; es setzt die Polemik gegen Saturninus,

---

mus? ... *C. Marium* ... *sceleris ac parricidii nefarii mortuum condemnabimus?* 28 *quod tandem excogitabitur in eum* (sc. Marium) *supplicium, qui vocavit* (ad arma)?

[123] Man vergleiche etwa, wie er in Phil. 1, 20 dem M. Antonius Äußerungen in den Mund legt, die dessen wahre Absichten decouvrieren.

[124] Darauf macht etwa Phillips 98 aufmerksam. Aber Ciceros „semihora" kann eine untertreibende Angabe sein (wenn etwa der Ankläger Labienus eine Stunde sprach und der Verteidigung insgesamt anderthalb Stunden einräumte).

den *homo hostilem in modum seditiosus,* fort; und es wendet sich gegen
den Propagandaeffekt, den Labienus erzielt hatte, indem er in einer
Contio mit einer Totenmaske des Saturninus auftrat.

Ich halte es für sehr wahrscheinlich, daß gerade das letztgenannte
Motiv für Cicero das wichtigste war, mit anderen Worten: daß Labienus
das Bildnis des Saturninus nicht (nur) in irgendeiner früheren Contio,
sondern (auch) eben zuvor in seiner Anklagerede eingesetzt hatte.
Dagegen scheint zwar (25) *itaque mihi mirum videtur, unde hanc tu,
Labiene, imaginem quam habes inveneris* zu sprechen, „darum frage ich
mich, wo du jetzt (*hanc*) das Bildnis, das du besitzt, aufgetrieben hast"
(wo doch Sex. Titius im Jahr 98 verurteilt worden sei, *quod habuit imaginem L. Saturnini domi suae*); nach *habuit domi suae* kann ja *imaginem
quam habes* kaum als „die Totenmaske, die du jetzt auf dem Forum mit-
hast" aufgefaßt werden, wie Huschke 517 wollte. Aber gerade *habes* ist
nur eine Humanistenkonjektur (nach dem vorausgegangenen *quod
habuit imaginem* und dem unmittelbar folgenden *Sex. Titio damnato qui
istam habere auderet inventus est nemo*); der Archetypus, das Apographon
Poggianum, bietet nicht *quam habes inveneris,* sondern *quam tu inveneris.* Das ist natürlich fehlerhaft, aber man hätte sich die Heilung des
Fehlers nicht so leicht machen und dabei auf jeden Fall Quint. 6,1,49
mit heranziehen sollen. Quintilian spricht dort über die Aufgabe des
Redners, den Versuchen des gegnerischen Anwalts, durch gleichsam
szenische Effekte[125] Stimmung zu machen, die Wirkung zu nehmen: *dis-
cutiendae ... eiusmodi scaenae, egregieque Cicero, qui contra imaginem
Saturnini pro Rabirio graviter ... dixit.* Quintilian nimmt also anscheinend an, daß Labienus eben zuvor in seiner Anklagerede mit Saturninus' Totenmaske operiert hat, und wir dürfen diese Möglichkeit bei der
Restitution des Textes gewiß nicht ignorieren, zumal Cicero das
Zwischenstück mit der Erwähnung von Labienus' Contio abschließt:
„(Hättest du um die Verurteilung des Titius gewußt), *numquam profecto
istam imaginem, quae domi posita pestem atque exilium Sex. Titio attulit,
in rostra atque in contionem attulisses.*" Vorstellbar wäre demnach etwa
eine Ergänzung wie *quam ‹huc proferre es ausus› inveneris*[126]; zum minde-
sten aber sollten künftige Editoren vorsichtshalber auf das billige und
fragliche *habes* verzichten und lieber schreiben *quam † tu † inveneris.*

* * *

[125] Darunter in 6, 1, 40 *imaginem mariti pro rea proferre.*

[126] Vorausgesetzt ist dabei natürlich, daß der Ciceroprozeß nicht als kapitales
Perduellionsverfahren auf dem Marsfeld stattfindet, sondern als Schlußver-
handlung des tribunizischen Multverfahrens auf dem Forum.

Anhang 7: Zum Exkurs (§§ 10—17)

Die Gründe, die uns berechtigen, dem Exkurs im Gesamtduktus von Ciceros Rede die Funktion der Ablenkung vom Präjudiz des Metellusprozesses zuzuschreiben, konnte ich oben S. 23 nur andeuten. Genau betrachtet geht es darum, ob diese Interpretation des Exkurses als zwingend oder bloß als möglich zu erweisen ist. Muß man die Wendung *de perduellionis iudicio* im Einleitungssatz (10 *de perduellionis iudicio, quod a me sublatum esse criminari soles, meum crimen est, non Rabiri*) als Anspielung auf die beinahe erfolgte Verurteilung des Rabirius in den Zenturiatkomitien verstehen, oder ist es auch möglich, *a me sublatum* als das eigentliche Stichwort anzusehen, so daß Cicero hauptsächlich auf den Vorwurf repliziert, er habe sich durch seine Aufhebung eines Volksgerichts als Volksfeind entpuppt? Muß man seine wiederholten Hinweise auf die *verborum crudelitas* (so z. B. in 13) als Ablenkungsmanöver auffassen, oder genügt die Erklärung, daß er Labienus dessen verbale Grausamkeit nur deswegen vorhält, weil es nach dem frühzeitigen Abbruch des Duumviralverfahrens bei bloßen Drohungen geblieben und gar nicht zur Fesselung des Delinquenten oder zum Aufrichten des Kreuzes, geschweige denn zum Totpeitschen gekommen war, weil er aber trotzdem mit großer Geste als der wahre *popularis* posieren wollte[127]?

Um die Ablenkungshypothese zu verifizieren, müssen wir die eben genannten alternativen Erklärungsmöglichkeiten ausschließen. Das könnten wir in der Frage der bloß verbalen oder faktischen Bedrohung des Rabirius durch die Grausamkeiten des Duumviralverfahrens einfach durch einen Hinweis auf Anhang 1 und 3 erledigen, wo schon nachgewiesen ist, daß die Zenturiatkomitien im Provokationsprozeß erst durch den Fahnentrick des Metellus abgebrochen bzw. durch einen von Cicero herbeigeführten Senatsbeschluß am abermaligen Zusammentreten gehindert wurden. Trotzdem liegt der Versuch nahe, den Zeitpunkt des entscheidenden Eingriffs in das Duumviralverfahren auch aus dem Text des Exkurses allein zu gewinnen.

Tyrrell (76 ff.) erklärt zwar — und wie wir sehen werden zu Recht —, daß dieser Versuch nicht gelingen kann, aber die Hauptbegründung, die er für seine Resignation angibt, fordert doch zum Widerspruch heraus.

---

[127] Siehe etwa 16 *harum ... omnium rerum non solum eventus atque perpessio, sed etiam condicio, exspectatio, mentio ipsa denique indigna cive Romano atque homine libero est.*

Er beruft sich auf die Mehrdeutigkeit des Terminus *iudicium* im Einleitungssatz; da *iudicium* u. a. sowohl den Schuldspruch der Duumvirn wie die Strafe des Totpeitschens bezeichnen könne, sei eine genaue Übersetzung und Interpretation unmöglich[128]. Nun läßt sich aber erweisen, daß Cicero mit *perduellionis iudicium a me sublatum* sicher auf die Abschaffung oder Aufhebung des ganzen Duumviralverfahrens mit Urteil, Provokation, Provokationsprozeß und Exekution abzielt: Von dem allen ist Rabirius jetzt nicht mehr bedroht. Dementsprechend erwähnt Cicero auch in der dem Einleitungssatz folgenden Einzelpolemik das Urteil in 12, die Fesselung des Verurteilten, die durch Provokation abgewendet werden kann[129], in 11 und 13, die Zenturiatkomitien des Provokationsprozesses in 11, die Hinrichtung in 11 und 13. Im gleichen zusammenfassenden Sinn des ganzen *iudicium* sagt Cicero auch in 15, daß *actio ista* von C. Gracchus als nicht popular gemieden wurde, und in 17, daß Labienus *ex illa crudeli ... non tribunicia actione sed regia meo consilio, virtute, auctoritate*[130] *esse depulsum.* Quintilian hat Cicero ebenfalls so verstanden: er exemplifiziert in 5, 13, 20 die Regel, daß vor Gericht umstrittene Tatbestände nach ihrer *qualitas* (ob sie z. B. *inhonesta* oder *crudelia* seien) bisweilen *in toto genere actionis intuenda* (sunt), eben an unserem Exkurs: *an sit crudelis* (actio), *ut Labieni in Rabirium lege perduellionis.*

Eine genaue, d. h. richtige Übersetzung der fraglichen Wendung *perduellionis iudicium* können wir also − gegen Tyrrell − liefern (Cicero meint „das ganze duumvirale Verfahren"); aber der entscheidende Sachverhalt, d. h. der Zeitpunkt von Ciceros Senatsaktion (oder konsularischer Interzession aufgrund eines Senatsbeschlusses) gegen die *actio regia,* bleibt trotzdem − mit Tyrrell − unbestimmt. Denn daß das

---

[128] Tyrrell 76: The wide range of meanings attributable to *iudicium* obscures what he abolished, making a definitive translation and interpretation impossible.

[129] Vgl. Liv. 1, 26, 7 f. *alter ex iis* (duumviris)„*Publi Horati, tibi perduellionem iudico" inquit. „I, lictor, colliga manus." Accesserat lictor iniciebatque laqueum. Tum Horatius ... „provoco" inquit.*

[130] *consilio, virtute, auctoritate:* diese Ausdrücke passen zu dem im Senat einen Beschluß herbeiführenden Konsul ebenso gut, wie sie fehl am Platz wären, würde Cicero das Duumviralverfahren (ohne Rückendeckung durch den Senat) durch den Einsatz seiner *maior potestas* blockieren, wofür Tyrrell 78 votiert. Da müßte Cicero von *consulari potestate atque imperio* sprechen. Übrigens bedurfte es offenbar längerer Agitation, bis Cicero den Senat umgestimmt und das Verfahren abgebrochen hatte (15): *cum ... ego omnibus meis opibus, omnibus consiliis, omnibus dictis atque factis repugnarim et restiterim crudelitati.*

ganze *iudicium*, die ganze *actio lege perduellionis* als aufgehoben bezeichnet werden kann, sobald Cicero es an irgendeinem Punkt abbricht,
ist ja nicht zu bezweifeln: dieser Effekt tritt ein, ob Cicero nun sofort
nach dem Schuldspruch der Duumvirn eingreift oder erst nach dem
Fahnentrick des Metellus.

Nur eins läßt sich über den Ablauf der Ereignisse im einzelnen aus
§§ 10—17 sicher erweisen[131]: die Contio auf dem Forum, in der
Labienus[132] den Duumvir Caesar die Verurteilung verkünden läßt, hat
noch stattgefunden, sonst könnte Cicero nicht ohne weiteres von dem
dabei anwesenden *carnifex* sprechen (während er doch anderseits die
alte Formel *i, lictor, colliga manus* zitiert). Helm (62[13]) glaubt zwar noch
weiter gehen zu können: „Daß (auch noch) die Zenturiatkomitien
versammelt wurden, um über den Duumviralspruch zu entscheiden, ergibt sich mit aller Deutlichkeit aus dem Bericht des Dio Cassius (37, 27)
und wird durch Sueton (Iul. 12) und vor allem Cicero bestätigt, der im
§ 11 der Rabiriana davon spricht, ... Labienus (habe) auf dem Marsfeld bei zusammengetretenen Zenturiatkomitien das Kreuz für die
bevorstehende Hinrichtung aufstellen lassen." Wenn wir aber unserer
Fragestellung bezüglich des selbständigen Quellenwerts von 10—17 ge-
mäß Dio und Sueton beiseite lassen, ergibt sich, daß die Zenturiatkomitien aus 11 allein nicht zu erweisen sind. Das sieht man, wenn man den
Aufbau des Exkurses verfolgt.

Der Exkurs ist deutlich in zwei Teile gegliedert. Denn formal um-
schließt ihn am Anfang und am Ende die Abqualifizierung des Duumviralverfahrens als *actio regia* (17), *crudelitatis regiae* (10); und mit dem
Motiv dieser altertümlichen, der Königszeit entstammenden Grausam-

---

[131] Nochmals betont sei (vgl. oben S. 62), daß aus der Bezeichnung des *iudicium perduellionis*, also des ganzen Duumviralverfahrens, als *sublatum*, sich immerhin eine Bestätigung unserer Ansicht über den Ablauf im ganzen ergibt: der
Ciceroprozeß kann kein Perduellionsverfahren mehr sein, und zwar auch kein
selbständig tribunizisch-komitiales nach dem duumviralen, weil Cicero dann
den Terminus *iudicium* näher hätte spezifizieren müssen. In diesem Sinn schon
Renkema 1927, 397: Si Rabirius duo habuit iudicia perduellionis, quorum alterum, cum Cicero verba faciebat, iam sublatum erat, alterum tunc ipsum exerce-
batur, num ita loqui orator potuit: „nam de perduellionis iudicio, quod a me
sublatum esse criminari soles, meum crimen est, non Rabirii?" Nonne potius
diceret „de priore iudicio" vel tale quid, ut inter utramque causam bene distin-
gueret?

[132] Daß Labienus (und nicht etwa der verurteilende Duumvir) die Contio leitete, ergibt sich aus 15, wo Cicero sagt, C. Gracchus hätte es nie über sich gebracht, daß *in eius contione carnifex consisteret*.

keit bestreitet Cicero in beiden Teilen die Schlußsteigerung. Diese beginnt im ersten Teil (11—13), wo Cicero die grausame Haltung des Labienus in den Etappen des Duumviralverfahrens gegen Rabirius ausmalt, mit 13 *non modo suppliciis invisitatis sed etiam verborum crudelitate inaudita* (es folgt dann *Tarquini, superbissimi atque crudelissimi regis, ista sunt cruciatus carmina*); im zweiten Teil (14—16), wo die effektvollsten Punkte des Verfahrens (die Fesselung des Verurteilten und die Hinrichtung) nur mehr als Möglichkeit vorgestellt und abgelehnt werden[133], setzt das Motiv in 15 ein mit *cum iste omnis et suppliciorum et verborum acerbitates . . . ex annalium monumentis atque ex regum commentariis conquisierit* (und in 16 folgt *nomen ipsum crucis absit non modo a corpore civium Romanorum, sed etiam a cogitatione, oculis, auribus*).

Nun sieht man schon an den wenigen eben ausgeschriebenen Wendungen aus den beiden Teilschlüssen, daß Cicero auffälligerweise immer wieder von der realen Grausamkeit zur verbalen weitersteigert, von den Fakten zum bloß Gesagten oder Gedachten. Und ein denkbarer Grund dafür ist natürlich, daß Labienus gleich nach dem Duoviralurteil gehindert wurde, Rabirius wirklich mit all diesen spektakulären Prozeduren zu bedrohen; wir nehmen ja auch tatsächlich (auf Dio und die anderen zuvor genannten Quellen gestützt) an, daß der *carnifex* nicht einmal mit seinen *vincla* in Aktion treten konnte, weil Rabirius rechtzeitig Provokation einlegte. Wenn also Cicero — wohl mit voller Absicht — Labienus schon nicht vorwarf „vincla adhibes", sondern (11) *vincla adhiberi putas oportere*, wie sollen wir dann, wenn er anschließend nicht sagt „crucem in campo Martio constituis", sondern *constitui iubes*, bloß aus dem Exkurstext heraus die Möglichkeit widerlegen können, daß es zur Ausführung des „Befehls"[134], d. h. zu den Zenturiatkomitien, vielleicht gar nicht gekommen ist[135]?

Der langen Rede kurzer Sinn: Tyrrells Skepsis gegenüber der Hoffnung, den genauen Zeit- und Ereignisablauf des Duumviralverfahrens aus dem Exkurs allein gewinnen zu können, war berechtigt; wir müssen dazu auf die in Anhang 1 und 3 gewonnenen Resultate zurückgreifen, die nun allerdings zur Genüge erweisen, daß Rabirius in Wahrheit nicht nur

---

[133] 15 *moreretur prius . . . C. Gracchus, quam in eius contione carnifex consisteret;* 16 *carnifex . . . et obductio capitis et nomen ipsum crucis absit* eqs.

[134] *iubes* kann natürlich als rhetorische Übertreibung für „du willst" stehen; vgl. das gleich folgende *ego, qui funestari contionem contagione carnificis veto.*

[135] Noch dazu wählt Cicero in 28 das verfängliche *putare* zur Bezeichnung desselben Sachverhalts: *crucem T. Labienus in campo Martio defigendam putavit.*

verbal, sondern real bedroht war. Wenn also dem Exkurs auch in be-
stimmter Hinsicht der selbständige historische Quellenwert mangelt,
kann unsere Betrachtung seines inneren Aufbaus doch zur besseren
Würdigung seiner oratorischen Qualität beitragen. Wie Cicero zweimal,
scheinbar nur um der persönlichen Auseinandersetzung mit Labienus
willen, die Zuhörer von der Erinnerung an ihre Haltung im Provokationsprozeß ablenkt, während er doch von ihm spricht, ist eine beacht-
liche psychagogische Leistung.

Bleibt noch die Frage, wie der Einleitungssatz des Exkurses aufzu-
fassen ist. Wendet sich der ständig wiederholte Vorwurf (*semper criminari soles*) des Labienus eher gegen die Aufhebung des Perduellionsverfahrens — also gegen den Volksfeind Cicero —, oder lautet er primär:
„Gegen Rabirius hat es ja auch schon ein Perduellionsverfahren gegeben?"[136] Nur die zweite Möglichkeit kann richtig sein, und zwar aus zwei
sprachlich-stilistischen Gründen. Erstens hat *de perduellionis iudicio* die
betonte Anfangsstellung im Satz (Cicero beginnt nicht mit „Wenn du
mir ständig die Aufhebung des Verfahrens vorwirfst . . .", sondern mit
„Was das Perduellionsverfahren betrifft . . ."). Und zweitens steht die
Wendung in einer langen Reihe gleichartiger Präpositionalausdrücke,
die sämtlich *crimina* bezeichnen, welche gegen Rabirius erhoben wurden: im ersten Hauptteil das crimen *de locis religiosis . . .* (6), *de peculatu
facto . . .* (7), *de sororis filio . . .* (8), *de servis alienis contra legem Fabiam
retentis . . .* (8); dann wird in 9 auf den zweiten Hauptteil vorausgewiesen
mit *illam alteram partem de nece Saturnini* (wiederaufgenommen im
ersten Satz dieses Hauptteils in 18 mit *de Saturnini crimine*). Im ersten
Satz des Exkurses müssen die Zuhörer also auch *de perduellionis iudicio*
als Themenangabe verstehen: Der Redner wird jetzt auf das von Labienus gegen Rabirius erhobene „crimen" eingehen, daß er im Perduellionsprozeß fast verurteilt worden wäre, hätte nicht Cicero die Wiederauf-
nahme des Verfahrens verhindert. Dann bereitet der Relativsatz schon
die Verschiebung des crimen von Rabirius auf Cicero vor: *quod a me (!)
sublatum esse criminari (!) soles*. Schließlich nach dem Thema das
Rhema des Satzes: *meum crimen est, non Rabiri*. Ich glaube, Satzform
und Textzusammenhang lassen für keinen Zweifel Platz: Wie im Haupt-

---

[136] Außer Betracht bleiben kann die Auffassung von Loutsch (312), Cicero
wolle betonen, daß er aus eigenem Entschluß, nicht erst durch Rabirius erpreßt,
das Verfahren aufgehoben habe. Das scheitert sprachlich (weil er dann nicht zu
Labienus sagen könnte *quod a me sublatum esse criminari soles*) und sachlich
(vgl. S. 41f.).

teil der Rede arbeitet Cicero auch im Exkurs mit einem Verdrehungs-
und Substitutionstrick, im Handumdrehen ist statt Rabirius Cicero der
Angeklagte, und obwohl er natürlich den Nachweis, der wahre *popularis*
zu sein, an sich bestens brauchen kann, dient die entsprechende Polemik doch auch dazu, den eigentlichen Ablenkungstrick zu kaschieren.

LITERATURVERZEICHNIS

BAUMAN, R. A.: The duumviri in the Roman criminal law and in the Horatius legend, Historia Einzelschriften 12, Wiesbaden 1969

BEHRENDS, O.: rec. Jones 1972, ZRG 90, 1973, 462—475

BLEICKEN, J.: Ursprung und Bedeutung der Provocation, ZRG 76, 1959, 324—377

BRECHT, Ch.: Perduellio, Münchener Beiträge zur Papyrusforschung und antiken Rechtsgeschichte 29, 1938

CIACERI, E.: Cicerone e i suoi tempi 1, Mailand [2]1939

FLACH, D.: Zur Strafgesetzgebung der gracchischen Zeit, ZRG 90, 1973, 91—104

FUHRMANN, M. (übers.): Marcus Tullius Cicero, Sämtliche Reden II, Zürich-Stuttgart 1970

GELZER, M.: Cicero. Ein biographischer Versuch, Wiesbaden 1969

HARDY, E. G.: Some problems in Roman history, Oxford 1924

HAVAS, L.: L' arrière-plan politique du procès de perduellio contre Rabirius, Acta classica Univ. Scient. Debrecen. 12, 1976, 19—27

HEITLAND, W. E.: M. Tulli Ciceronis pro C. Rabirio [perduellionis reo] oratio ad Quirites, Cambridge 1882

HELM, Ch.: Zur Redaktion der Ciceronischen Konsulatsreden, Diss. Göttingen 1979

HUSCHKE, E.: Die Multa und das Sacramentum in ihren verschiedenen Anwendungen, Leipzig 1874

JONES, A. H. M.: The criminal courts of the Roman republic and principate, Oxford 1972

KUNKEL, W.: Untersuchungen zur Entwicklung des römischen Kriminalverfahrens in vorsullanischer Zeit, Abh. München, NF 56, 1962

LENGLE, J.: Die staatsrechtliche Form der Klage gegen C. Rabirius, Hermes 68, 1933, 328—340

LOUTSCH, C.: Cicéron et l'affaire Rabirius (63 av. J. C.), MH 39, 1982, 305—315

MAREK, V. (ed.).: M. Tullius Cicero, Orationes de lege agraria, pro C. Rabirio, Leipzig 1983

McDERMOTT, W. C.: Cicero's publication of his consular orations, Philologus 116, 1972, 277—284

MEYER, E.: Caesars Monarchie und das Principat des Pompejus, Stuttgart-Berlin [3]1922

MITCHELL, Th. N.: Cicero: The ascending years, New Haven-London 1979

PHILLIPS, E. J.: The Prosecution of C. Rabirius in 63 B. C., Klio 56, 1974, 87—101

PRIMMER, A.: Historisches und Oratorisches zur ersten Catilinaria, Gymn. 84, 1977, 18—38

PRIMMER, A.: Cassius Dio über die Rabiriusaffäre, in: Festschrift Betz (Archäologisch-epigraphische Studien Bd. 1), Wien 1985, 483—493

Renkema, E. H.: De iudicio perduellionis sublato, Mnemosyne 55, 1927, 395–400

Stockton, D.: Cicero, a political biography, Oxford 1971

Strachan-Davidson, J. L.: Problems of the Roman criminal law 1, Oxford 1912

Stroh, W.: Taxis und Taktik. Die advokatische Dispositionskunst in Ciceros Gerichtsreden, Stuttgart 1975

Stroh, W.: Über Absicht und Verlauf von Ciceros erster Catilinarie, in: Die alten Sprachen im Unterricht 29, 1, 1982, 7–15

Tyrrell, W. B.: A legal and historical Commentary to Cicero's Oratio Pro C. Rabirio perduellionis reo, Amsterdam 1978

van Ooteghem, J.: Pour une lecture candide du pro C. Rabirio, LEC 32, 1964, 234–246

Wirszubski, Ch.: Libertas als politische Idee im Rom der späten Republik und des frühen Prinzipats, Darmstadt [2]1967

Wirz, H.: Der Perduellionsprocess des C. Rabirius, JKlPh 119, 1879, 177–201